AF285105

DANKSAGUNG UND VORWORT

Zunächst möchte ich mich an dieser Stelle bei all denjenigen bedanken, die mich während der Anfertigung dieses Buchs unterstützt und motiviert haben.

Ganz besonders gilt der Dank meiner Freundin, die mich während der gesamten Arbeit motiviert hat und es mir nicht übel nahm, dass ich so viel von unserer gemeinsamen Freizeit in dieses Projekt steckte - danke Schatz!

WAS SIE ERWARTET

Was sie in diesem Buch erwartet, ist vor allem eine Einführung in die Programmierung mit Assembler für die ARM-Plattform sowie ein Einblick in die Herangehensweise an diverse Problemlösungen anhand einiger praktischer Beispiele.

Wer eine genaue Betrachtung diverser CPU-Architekturen und seitenlange Abhandlungen über interne Vorgänge der CPU erwartet, dem lege ich die Dokumentation der ARM Prozessoren ans Herz. Wir wollen hier einen praktischeren Ansatz wählen und uns primär auf das grundlegende Verständnis von Assembler und die Herausforderungen bei dieser speziellen Art der Programmierung konzentrieren.

Natürlich werde ich die wichtigsten Grundlagen kurz darlegen und in weiterer Folge bei praktischen Aufgaben weiter darauf eingehen, um das Grundlagenwissen weiter zu vertiefen.

ARM Prozessoren werden in den verschiedensten Geräten verwendet - von Mobiltelefonen und Tablets über Einplatinencomputer, IOT-Geräte bis hin zu den neuen MACs von Apple. Hierbei handelt es sich um eine RISC (Reduced Instruction Set Computer) Architektur, die von der ARM Limited an verschiedenste Hersteller lizenziert wird.

Da derzeit noch viele ARM-basierte Geräte mit 32bit Prozessoren arbeiten, werden wir uns in diesem Buch sowohl 32- als auch 64bit Assemblerprogrammierung ansehen. Ich werde im Verlauf des Buches auf die Unterschiede zwischen 32- und 64bit an gegebener Stelle hinweisen. Sofern dies nicht passiert, sind die vorgestellten Befehle für 32- und 64bit ident.

MARK B.

Assembler Programmierung für die ARM-Plattform

32- und 64bit Assembler-programmierung einfach erklärt

Impressum

Bibliografische Information der Deutschen Nationalbibliothek:
Die Deutsche Nationalbibliothek verzeichnet diese Publikation in der Deutschen Nationalbibliografie; detaillierte bibliografische Daten sind im Internet über http://dnb.d-nb.de abrufbar.

© 2020-2021 Mark B.

Herstellung und Verlag:
BoD – Books on Demand, Norderstedt

ISBN:
978-3754334355

Rechtschreib- und Grammatikkorrektur:
https://mentor.duden.de/

INHALT

ASSEMBLER UND OPCODES

Assembler wird sowohl als Begriff für Programmiersprachen, als auch für diejenigen Programme die aus dem Assembler-Code ausführbare Dateien bauen, benutzt.

Der Befehl

```
mov     r7, #4
```

legt die Zahl 4 (Immediate) in das Register r7 (8. Register bei einem 32bit System).

Assembler als Sprache greift auf den Befehlsvorrat der CPU zurück. Dies erlaubt es beispielsweise, Programme perfekt auf die entsprechende Hardware zu optimieren. Dafür werden Programme auf diese Weise nicht wirklich portabel, da man zB auf Syscalls des Betriebssystems und eventuell spezielle Befehlssätze einer bestimmten CPU-Familie oder -Generation zurückgreift.

So kann man die maximale Leistung der Hardware abrufen, aber dies würde im Extremfall auch dazu führen, dass ein Programm auf einem anderen PC mit dem gleichen Betriebssystem aber einen anderen CPU nicht lauffähig wäre. Gleiches gilt natürlich für einen PC mit identer Hardware, aber einem anderen Betriebssystem.

Eine CPU versteht nur binäre Eingaben - also eine Folge von Einsen und nullen. Der oben gezeigte Befehl mov r7, #4 würde in binär wie folgt aussehen:

```
10001110000101000000011100011
```

Da diese lange Zahlenkolonne etwas unhandlich ist, nutzt man in der Regel die hexadezimale Schreibweise zur Darstellung von Opcodes (Operationcodes) - zB 0x0470A0E3. Meist wird diese nochmals zur besseren Lesbarkeit in einzelne Byte oder Zweiergruppen von Bytes aufgespalten: 0470 A0E3

Opcodes sind also nichts anderes als die Maschinenbefehle. Da die meisten Menschen weder mit 0x0470A0E3 noch mit der Binärdarstellung davon wirklich gut arbeiten könnten, hat man Assembler entwickelt. Man nennt diese auch Programmiersprachen der 2. Generation. Anstatt Binärcode nutzt man deutlich besser lesbare Abkürzungen aus dem englischen - die sogenannten Mnemonics wie zB mov für move, sub für subtract, mul für multiply, usw.

Der Assembler als Programm zur Erstellung von ausführbaren Dateien macht aber noch einiges mehr als nur Mnemonics in Opcodes umzuwandeln. Das Programm nimmt uns auch etwas Arbeit bei der Entwicklung ab, indem es zB Macros zur Verfügung stellt und/oder umwandelt und diverse Berechnungen für uns übernimmt.

Sehen wir uns dazu die ausführbare Datei des "Hello World" Beispiels in einem Hexeditor an:

```
00000000: 7f45 4c46 0101 0100 0000 0000 0000 0000  .ELF............
00000010: 0200 2800 0100 0000 7400 0100 3400 0000  ..(.....t...4...
00000020: 6402 0000 0002 0005 3400 2000 0200 2800  d.......4. ...(.
00000030: 0700 0600 0100 0000 0000 0000 0000 0100  ................
00000040: 0000 0100 9800 0000 9800 0000 0500 0000  ................
00000050: 0000 0100 0100 0000 9800 0000 9800 0200  ................
00000060: 9800 0200 0d00 0000 0d00 0000 0600 0000  ................
00000070: 0000 0100 0470 a0e3 0100 a0e3 1010 9fe5  .....p..........
00000080: 0d20 a0e3 0000 00ef 0170 a0e3 0000 a0e3  . .......p......
00000090: 0000 00ef 9800 0200 4865 6c6c 6f20 576f  ........Hello Wo
000000a0: 726c 6421 0a41 1100 0000 6165 6162 6900  rld!.A....aeabi.
000000b0: 0107 0000 0008 0100 0000 0000 0000 0000  ................
000000c0: 0000 0000 0000 0000 0000 0000 7400 0100  ............t...
000000d0: 0000 0000 0300 0100 0000 0000 9800 0200  ................
000000e0: 0000 0000 0300 0200 0000 0000 0000 0000  ................
000000f0: 0000 0000 0300 0300 0100 0000 0000 0000  ................
00000100: 0000 0000 0400 f1ff 0b00 0000 7400 0100  ............t...
        ... Ausgabe gekürzt
```

Wir erkennen hier zB unseren Opcode 04 70 a0 e3 für mov r7, #4 und wir sehen auch den Text "Hello World!". Greifen wir an dieser Stelle etwas vor und ich zeige Ihnen die Zeilen, in denen der Text definiert wird:

```
msg:
    .ascii    "Hello World!\n"
```

Hierbei ist msg ein sogenanntes Label das wir verwenden können um die Speicheradresse von dem Text anzusprechen.

AUSWAHL DES PC & EINRICHTUNG

ARM-Rechner gibt es in den verschiedensten Ausprägungen. Eine der verbreitetsten Varianten ist hierbei der Raspberry Pi. Dieser Einplatinen-PC kostet nur wenige EUR, kommt in der aktuellen Version 4 mit einer Vierkern-CPU und 2 - 8 GB RAM.

Das macht diesem kleinen PC zum idealen Kandidaten für den Einstieg. Hierbei ist Linux das dominierende Betriebssystem. Ich habe mich an dieser Stelle für Kali 2021.2 entschieden da dies direkt als 64bit Variante zum Download verfügbar ist und auch die meisten Tools zur Entwicklung und zum Debuggen von Anwendungen bereits vorinstalliert oder zumindest in den Paketquellen verfügbar hat.

Ein Image kann unter `https://www.kali.org/get-kali/#kali-arm` heruntergeladen werden. Dieses Image müssen Sie lediglich entpacken und dann auf die SD-Karte flashen. Dazu können Sie unter OSX und Linux die Tools `unxz` und `dd` verwenden:

Linux:

```
cd ~/Downloads/
unxz kali-linux-2021.2-rpi4-nexmon-64.img.xz
sudo dd if=kali-linux-2021.2-rpi4-nexmon-64.img of=/dev/sd[X] bs=4M
```

Hierbei müssen Sie `[X]` mit dem entsprechenden Buchstaben für die SD-Karte ersetzen. Diesen ermitteln Sie zB mit: `lsblk -a`

OS X:

```
cd ~/Downloads/
unxz kali-linux-2021.2-rpi4-nexmon-64.img.xz
sudo dd if=kali-linux-2021.2-rpi4-nexmon-64.img of=/dev/disk[X] bs=4M
```

Hierbei müssen Sie `[X]` mit der Nummer der Festplatte bzw. SD-Karte ersetzen. Diese ermitteln Sie zB mit: `diskutil list`

Windows-User können den Raspberry Pi Imager (`https://www.raspberrypi.org/software/`) und 7-Zip (`https://www.7-zip.org/download.html`) zum Entpacken verwenden. Im Imaging Tool wählen Sie beim OS "Use custom" aus und danach werden Sie nach dem Pfad zur `.img`-Datei gefragt.

Sie benötigen eine mindestens 16GB große Micro-SD Karte für Kali.

Nachdem Kali gebootet wurde, können Sie sich mit dem Usernamen `kali` und dem Passwort `kali` einloggen und die fehlenden Pakete installieren.

Dazu verbinden Sie sich mit dem Internet über WLAN oder LAN-Kabel und öffnen Sie ein Terminal. Danach schreiben Sie den Fett dargestellten Befehl:

```
kali@kali:~$ sudo setxbmap -layout de
kali@kali:~$ apt install gcc-arm-linux-gnueabi codeblocks radare2-cutter
```

Nach dem ersten Befehl werden Sie mit

```
[sudo] password for kali:
```

nach dem User-Passwort gefragt. Tippen Sie einfach wieder kali ein und drücken Sie Enter. Linux zeigt ihnen hierbei nicht an, dass Sie tippen, um nicht einmal die Länge des Passwortes preiszugeben.

Für die Entwicklung mit Assembler haben wir zB auf dem Raspberry Pi mehrere Optionen. Wir können Microsofts VisualStudio Code verwenden oder eine IDE namens Codeblocks. Bei Codeblocks können wir direkt den integrierten Debugger verwenden. Bei VS Code sollte dies mit passenden Plugins und eine angepassten launch.json ebenfalls gehen.

Ich werden Ihnen im Folgenden zeigen, wie Sie Codeblocks verwenden und später stelle ich Ihnen GDB vor für den Fall, dass Sie über eine SSH-Verbindung arbeiten. Fangen wir mit Codeblocks an - wenn Sie das Programm erstmalig starten, sehen Sie:

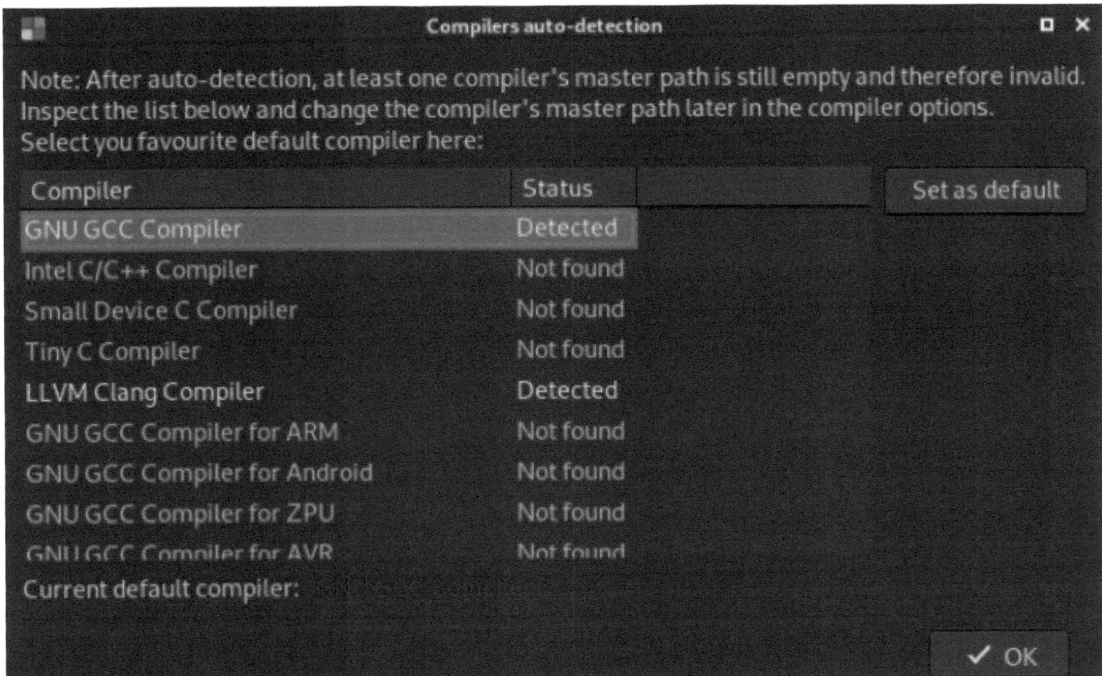

11

Bestätigen Sie die gefundenen Compiler mit OK. Sollten keine Compiler gefunden werden, dann sind diese entweder nicht installiert oder Sie müssen in Codeblocks die abweichenden Pfade hinterlegen.

Wenn Sie auf File -> New -> Project klicken Sehen Sie folgenden Dialog.

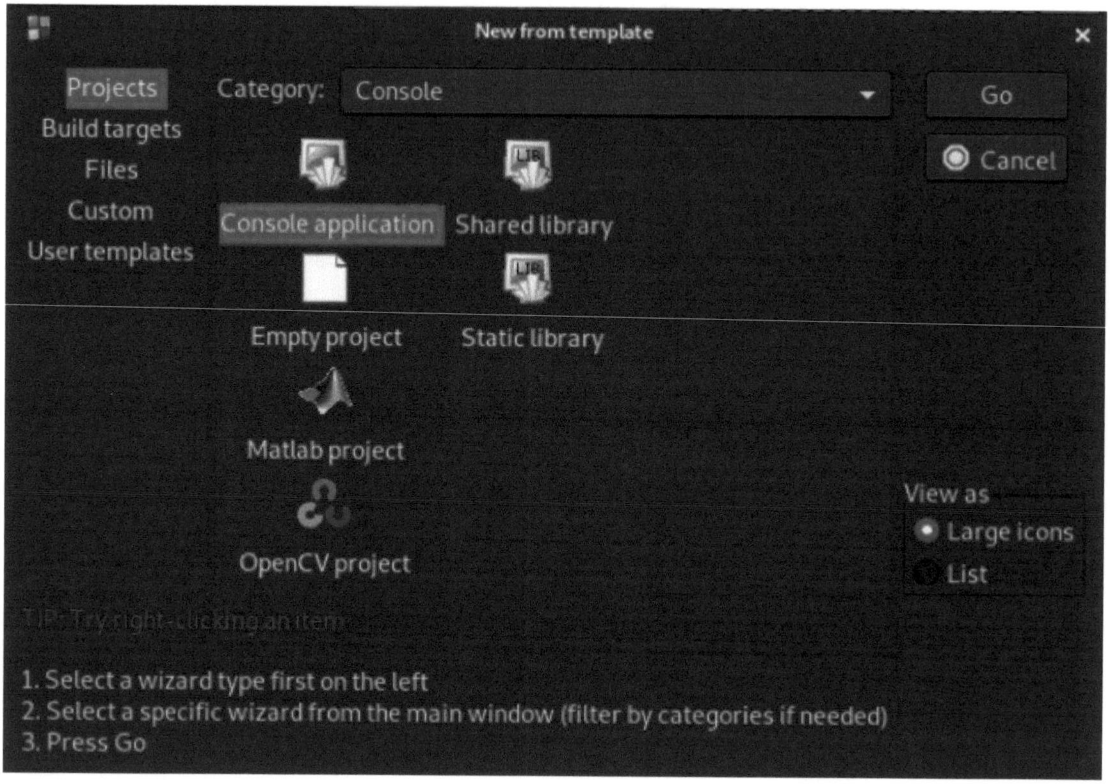

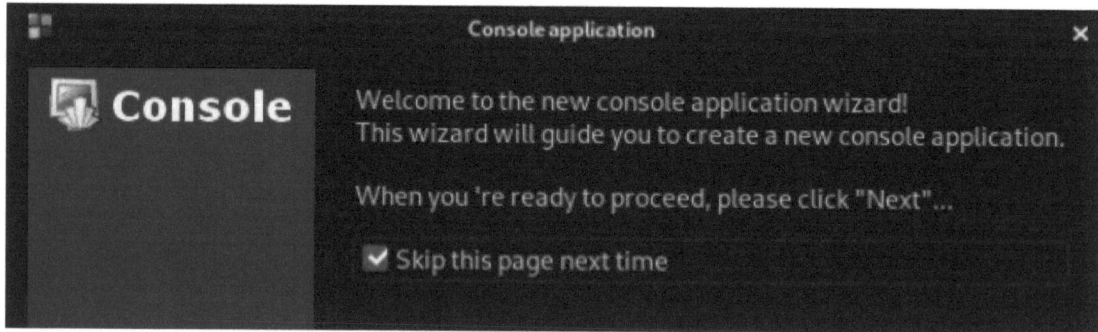

Wählen Sie hier Console application aus und klicken Sie auf den Go-Button.

Danach markieren Sie, dass Sie die Erklärung beim nächsten Mal überspringen wollen.

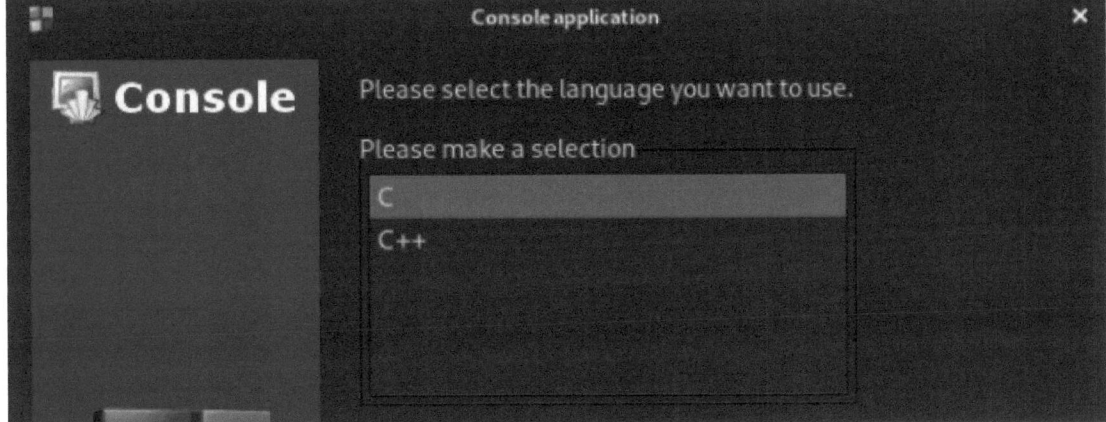

Wählen Sie dann die Programmiersprache C aus und klicken Sie auf weiter.

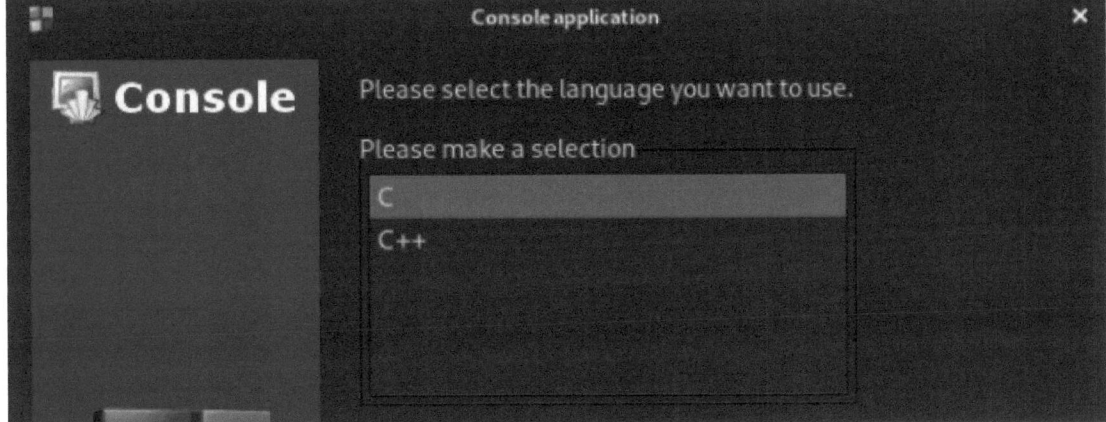

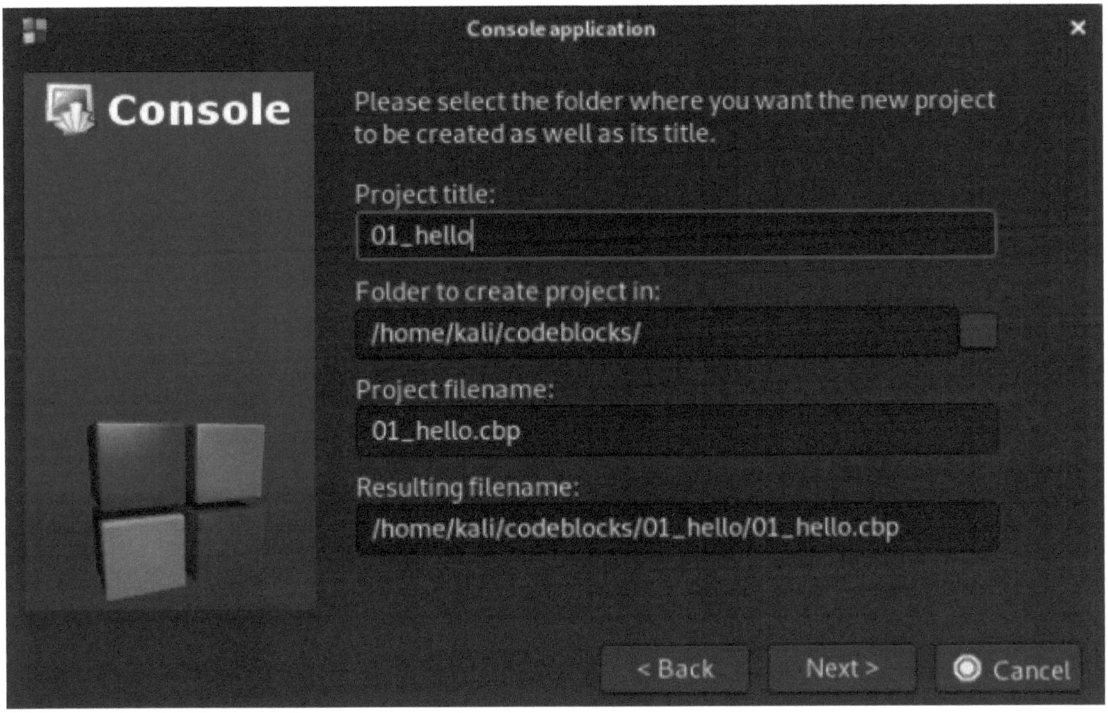

Dann legen Sie den Titel, Basis-Ordner und Dateinamen für Ihr Projekt an.

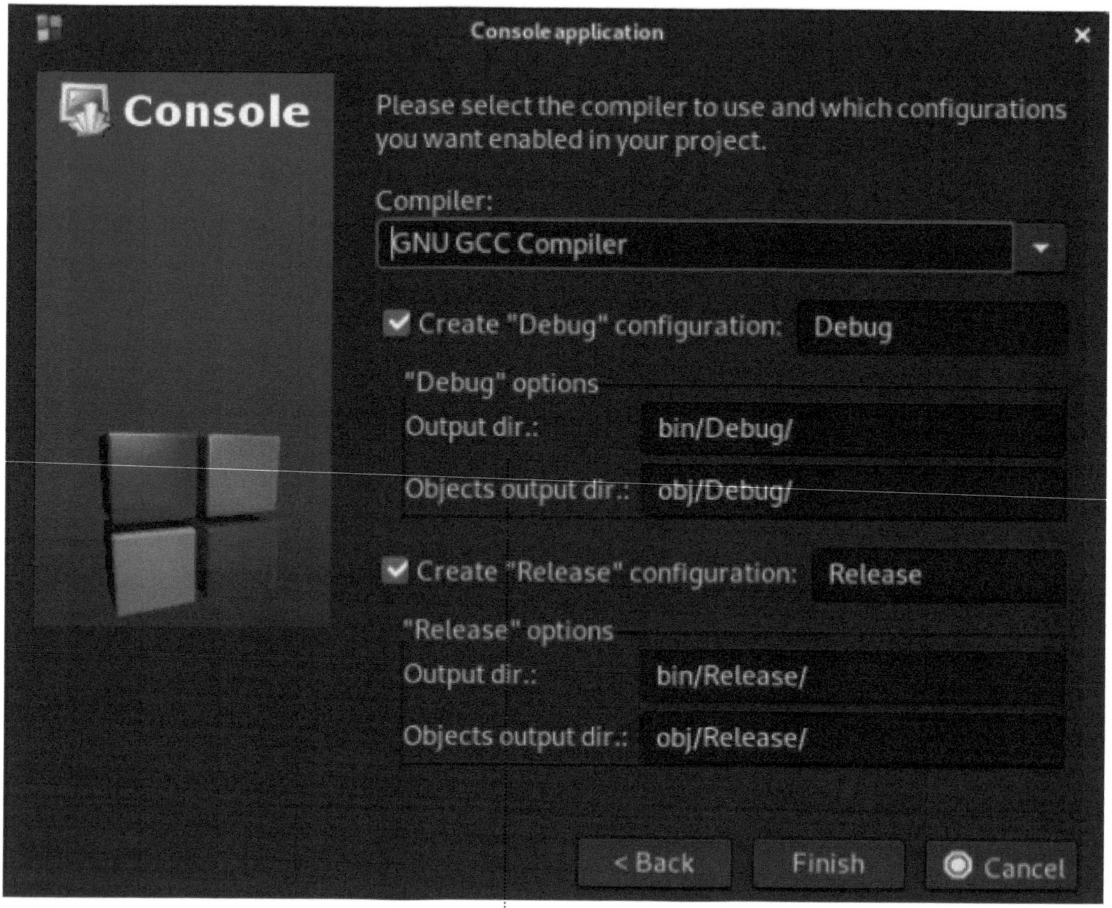

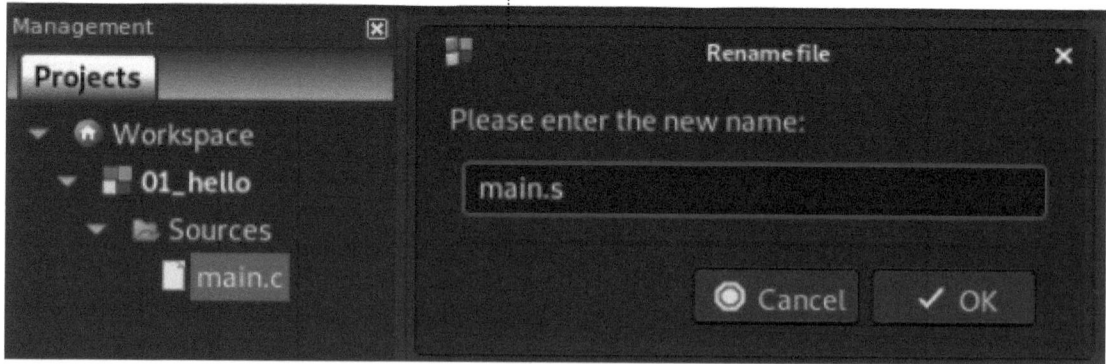

Wählen Sie hier den GNU GCC Compiler aus und keinesfalls GNU GCC Compiler for ARM! Letzterer ist für Embeded und IoT-Geräte und damit würde das Übersetzen von Assembler und das Debuggen nicht wie hier gezeigt klappen.

Klicken Sie danach die `main.c` im Projekt-Explorer mit Rechts an uns wählen Sie `Rename` aus. Danach ändern Sie den Dateinamen auf `main.s` damit Codeblocks die Datei als Assembler-Coder erkennt.

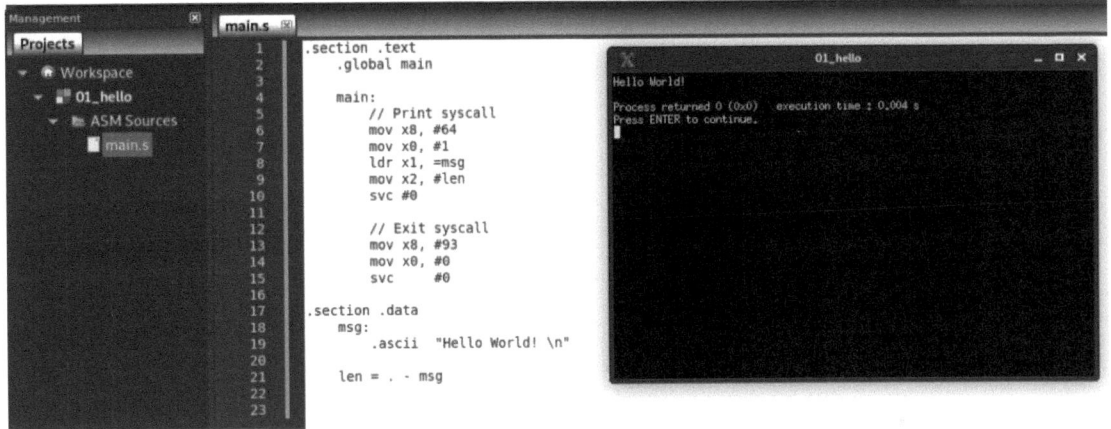

Danach können Sie Assembler-Code schreiben und das Programm übersetzen und starten.

Codeblocks wählt automatisch kein Syntax-Highlighting für Assembler-Code aus und hat auch kein passendes für den GNU-Assembler, aber `Edit -> Highlight mode -> MASM Assembly` ist zumindest besser als gar nichts.

Debuggen können Sie den Code dann, indem Sie auf eine Zeilennummer klicken. Dann erscheint ein kleiner roter Punkt, um den Breakpoint für den Debugger anzuzeigen. Dann klicken Sie auf `Debug -> Start / Continue`.

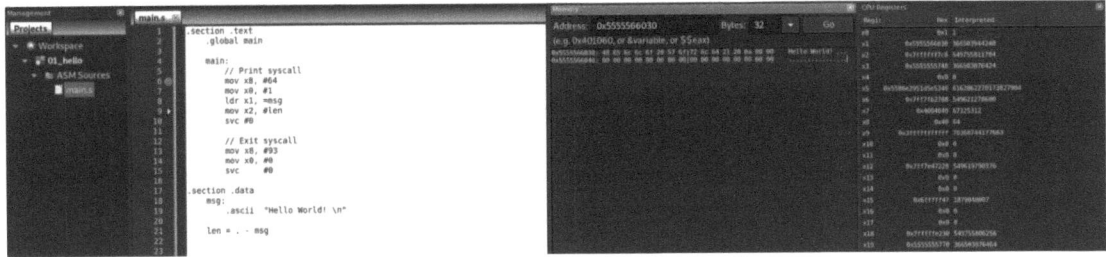

Sollten die zwei seitlichen Fenster nicht angezeigt werden, dann klicken Sie auf `Debug -> Debugging Windows -> CPU Registers` bzw. `Memory dump`. Damit haben Sie dann die Register im Blicke und können den Inhalt von Speicheradressen anzeigen lassen.

Beachten Sie auch, wenn Sie mit Codeblocks arbeiten, dann muss der Startpunkt des Programms main heißen und nicht `_start`!

Eine weitere Möglichkeit, Code mit jedem beliebigen Editor zu schreiben, wäre es, mit einem sogenannten Makefile zu arbeiten:

```
build: main_64.o main_32.o
        aarch64-linux-gnu-ld main_64.o -o main_64
        arm-linux-gnueabi-ld main_32.o -o main_32

main_64.o: main_64.asm
        aarch64-linux-gnu-as main_64.asm -o main_64.o

main_32.o: main_32.asm
        arm-linux-gnueabi-as main_32.asm -o main_32.o

clean:
        rm *.o
        rm main_64
        rm main_32
```

Hiermit wird das Übersetzen des Codes automatisiert. Die Datei folgt immer dem Schema

```
Ziel: Abhängigkeit
        Aktion
```

Die Standard-Aktion build hängt also ab von main_64.o und main_32.o. Werden diese Dateien
verändert, dann werden die Befehle aarch64-linux-gnu-ld main_64.o -o main_64 und arm-
linux-gnueabi-ld main_32.o -o main_32 ausgefüht.

Nach dem gleichen Schema werden die Aktionen zum Erstellen der main_64.o und der main_32.o
angelegt.

Das Ziel clean ist zum Aufräumen gedacht und kann beim Aufruf von make angegeben werden.

Dabei habe ich das Makefile so formuliert, dass wir die gleiche Datei in jedem Projektordner verwenden können, wenn die Start-Datei immer main_32.asm bzw. main_64.asm heißt. Wobei hier die
32 bzw. 64 für 32- bzw. 64bit stehen.

Ein 64bit System kann auch 32bit Code erstellen und ausführen - umgekehrt geht das nicht. Daher ist
es eventuell auch interessant zu wissen wie wir in einem Makefile ermitteln ob wir ein 32- oder 64bit
System haben und entsprechend die passende Programmversion kompilieren.

Dies erreichen wir wie folgt:

```
BITS := $(shell getconf LONG_BIT)

build_64: main_64.o
        aarch64-linux-gnu-ld main_64.o -o main_64

build_32: main_32.o
        arm-linux-gnueabi-ld main_32.o -o main_32

main_64.o: main_64.asm
        aarch64-linux-gnu-as main_64.asm -o main_64.o

main_32.o: main_32.asm
        arm-linux-gnueabi-as main_32.asm -o main_32.o

ifeq ($(BITS),64)
        build: build_64
else
        build: build_32
endif
```

Hierbei wird getconf LONG_BIT ausgeführt, was 32 oder 64 als Antwort liefert, die dann in BITS gespeichert wird. Wenn BITS der Zahl 64 entspricht (ifeq ($(BITS),64)) wird bei build dann build_64 ausgeführt, sonst (else) build_32.

Sehen wir uns zunächst an, wie ein einfaches Assembler-Programm aussieht und dann vergleichen wir die 32- und 64bit Version.

HALLO WELT IN ASSEMBLER

main_32.asm:

```
.section .text
    .global _start

    _start:
        // Print syscall
        mov    r7, #4
        mov    r0, #1
        ldr    r1, =msg
        mov    r2, #len
        swi    #0

        // Exit syscall
        mov    r7, #1
        mov    r0, #0
        swi    #0

.section .data
    msg:
        .ascii "Hello World!\n"

    len    = . - msg
```

main_64.asm:

```
.section .text
    .global _start

    _start:
        // Print syscall
        mov    x8, #64
        mov    x0, #1
        ldr    x1, =msg
        mov    x2, #len
        svc    #0

        // Exit syscall
        mov    x8, #93
        mov    x0, #0
        svc    #0

.section .data
    msg:
        .ascii "Hello World!\n"

    len    = . - msg
```

Beide Programme sind sehr ähnlich aufgebaut und haben eine `.section .text` in der sich der Programmcode befindet und eine `.section .data` mit dem String `Hello World!` und der Länge des Strings (`len`). Ein Programm kann weitere Teile besitzen, in denen zusätzliche Daten abgelegt werden. Diese sehen wir uns in späteren Beispielen genauer an.

Hierbei nutzen wir einen kleinen Trick zur Berechnung der Textlänge. Da diese direkt nach dem String ermittelt wird, können wir sie mit `. - msg` errechnen. Die bedeutet so viel wie aktuelle Position minus Position von `msg`. Label wie `msg` sind also nur Namen für Adressen, damit uns der Assembler die Arbeit abnimmt, diese selber zu errechnen.

Betrachten wir den Hex-Code des Programms, dann sehen wir:

```
00000090: 0000 00ef 9c00 0200 0d00 0000 4865 6c6c   ...........Hell
000000a0: 6f20 576f 726c 6421 0a41 1100 0000 6165   o World!.A....ae
```

Das direkt nach `Hello World!` die Zeichen `0x0a` und `0x41` folgen. Hierbei ist `0x0a` die Zeilenschaltung (`\n`) und `0x41` wäre die Zahl 65, was unmöglich die Textlänge sein kann. Der Assembler löst solche statischen Werte also auf und setzt direkt im Code ein. Dies sehen wir auch im Programm selber, wenn wir die Zeile

```
00000070: 0000 0100 0470 a0e3 0100 a0e3 1010 9fe5  .....p.........
00000080: 0d20 a0e3 0000 00ef 0170 a0e3 0000 a0e3  . .......p......
00000090: 0000 00ef 9800 0200 4865 6c6c 6f20 576f  ........Hello Wo
```

betrachten. Hier sehen wir `0d20 a0e3`, was `mov r2, 13` entspricht und `Hello World!\n` sind genau 13 Zeichen, denn `\n` steht für das Newline-Zeichen. Der Assembler errechnet für uns solche Dinge und setzt die passenden Werte dann im Quellcode ein.

`global _start` definiert den Startpunkt des Programms (das Label `_start`) als global um Linker-Fehler zu vermeiden. Die Einrückung der Zeilen, die in einen Programmteil gehören bzw. weitere Einrückungen, um die Zugehörigkeit zu einem Label zu kennzeichnen, dienen nur der Übersichtlichkeit und sind nicht zwingend nötig.

Da man in Assembler allerdings viel mit Sprüngen arbeiten muss, schreibt man Code, der abfällig als Spagetticode bezeichnet wird. Da dies mangels besserer Alternativen nicht anders möglich ist, sollte man sich um jedes bisschen an Übersichtlichkeit bemühen, um sich im Code leichter zurechtzufinden!

Alle Zeichen nach einem `//` sind Kommentare und werden bei Übersetzen des Programms entfernt. Kommentare dienen nur als Notizen und Erklärungen, die der Programmierer für sich oder andere im Quellcode hinterlässt.

Der Aufbau und die Funktionsweise des Programms sind ident, denn beide nutzen die zwei Syscalls `write` und `exit`. Was sich unterscheidet, sind die Register (`r` im Gegensatz zu `x`). Außerdem wird die Syscall-Nummer bei 32bit in `r7` und bei 64bit in `x8` abgelegt. Abgesehen davon, dass sich die Syscall-Nummern (zB `#4` im Gegensatz zu `#64`) unterschieden, wird der Syscall bei 32bit mit `swi #0` ausgelöst, obwohl hier auch `svc #0` erlaubt wäre, und bei 64bit muss der Befehl `svc #0` verwendet werden.

Wie wir sehen, ist einiges unterschiedlich, vor allem in Detail, aber der Aufbau und die Funktionsweise sind gleich oder zumindest sehr ähnlich. Seit Betriebssysteme ein Bindeglied zwischen Software und Hardware bilden, wird Hardware meist nicht direkt angesprochen - schon gar nicht von Anwendersoftware. Unser Programm "bittet" den Linux-Kernel quasi mit dem `write`-Syscall die Zeichen am Bildschirm auszugeben.

Die Syscall-Nummern können wir zB auf diesen Tabellen ersehen:

`https://chromium.googlesource.com/chromiumos/docs/+/master/constants/syscalls.md`

Die ID-Nummern sind wie Sie sehen zwischen den verschiedenen Prozessor-Architekturen völlig unterschiedlich. Daher sind Assembler-Programme nicht einfach unter einem anderen Betriebssystem oder auch nur unter einer anderen Architektur ohne Anpassungen lauffähig.

Wie Sie sehen, wird die Syscall-Nummer in r7 bzw. x8 abgelegt - die Argumente für den Syscall werden dann in r0 - r4 bzw. x0 - x4 abgelegt. Welche das sind und in welcher Reihenfolge diese abgelegt werden müssen ersehen wir aus der Manpage:

kali@kali:~$ **man 2 write**

liefert:

```
WRITE(2)                    Linux Programmer's Manual                    WRITE(2)

NAME
       write - write to a file descriptor

SYNOPSIS
       #include <unistd.h>
       ssize_t write(int fd, const void *buf, size_t count);

... Ausgabe gekürzt
```

Weiter unten werden diese dann genauer erklärt - Sie können in der Manpage mit den Pfeiltasten Scrollen und mit q das Programm less bzw. die Manpage schließen.

In diesem Fall sind dies die Argumente:

fd ...... File descryptor bzw. ID-Nummer des File-Handles
*buf .... Buffer-Pointer also einfach die Speicheradresse des Stings
count ... Zeichenanzahl

Diese Argumente werden in genau dieser Anzahl in die Register 0, 1 und 2 gelegt. Hierbei gibt es drei vordefinierte ID-Nummern für fd:

0 ... stdin bzw. die Standard-Eingabe - in der Regel die Tastatur
1 ... stdout bzw. die Standard-Ausgabe - in der Regel der Monitor
2 ... stderr bzw. der Error-Ausgabekanal - in der Regel ebenfalls der Monitor

Einfach ausgedrückt sagen wir write: Bitte schreibe auf stdout den Text, den du an der Adresse des Labels msg (=msg) findest, mit einer Länge von 13 Zeichen (#len).

Der `exit`-Syscall benötigt ein Argument und das ist der Rückgabewert des Programms. Diesen stellen wir in das Register 0 und der Wert 0 bedeutet "alles OK". Jeder andere Rückgabewert bedeutet einen Programmfehler.

Der Befehl `swi` (Software Interrupt) bzw `svc` (SuperVisor Call) mit der ID 0 übergeben die Kontrolle an das Betriebssystem, damit das den Syscall ausführen kann.

Die `mov` (move) Befehle legen dann quasi einen Wert in ein bestimmtes Register. `ldr` (load register) lädt die Speicheradresse zB eines Labels in das Register.

Label selbst sind im Grunde nur frei vergebene Namen für Speicheradressen. Diese hat den Vorteil, dass wir in Assembler sagen können, dass ein bestimmtes Label angesprungen werden soll oder das dessen Speicheradresse in ein Register geladen werden soll, ohne das wir uns um das Berechnen der Speicheradresse kümmern müssen. Diese Aufgabe nimmt uns der Assembler ab!

ZAHLENSYSTEME

Wenn wir mit Assembler arbeiten, sollten wir uns auch kurz die wichtigsten Zahlensysteme genauer ansehen.

Im Falle einer derart langen Kolonne von Nullen und Einsen oder einer Zeichenfolge wie 0d20a0e3 mag es relativ eindeutig sein, um welches Zahlensystem es sich handelt, aber bei Zahlen wie 10 oder 100 ist die binäre, dezimale und hexadezimale Schreibweise denkbar. Daher wird binären Zahlen ein 0b und hexadezimalen Zahlen ein 0x vorangestellt, um das verwendete Zahlensystem explizit anzugeben. Außerdem werden direkt in der Anweisung mit eincodierte Zahlenwerte mit einem vorangestellten # Zeichen gekennzeichnet.

Man spricht hier auch von einem "Immediate".

Die folgenden drei Befehle sind unterschiedliche Schreibweisen, um den gleichen Wert zuzuweisen:

```
mov  x0,  #0b1010
mov  x0,  #0xA
mov  x0,  #10
```

In jedem der Fälle wird dem Register x0 die Dezimalzahl 10 zugewiesen. Was genau Register sind, sehen wir uns in einem folgenden Kapitel an.

Das hexadezimale Zahlensystem
... basiert auf 16. Hierbei stehen die Ziffern 0-9 für die jeweiligen Werte, A entspricht 10, B entspricht 11, usw. bis zum Buchstaben F, welcher für 15 steht.

Das binäre Zahlensystem
... basiert auf 2. Es werden also nur die Ziffern 0 und 1 verwendet, um eine Zahl darzustellen.

Sehen wir uns das anhand von ein paar Beispielen an:

Zahl	binär	hexadezimal	dezimal
10	0x1 + 1x2 = 2	0x1 + 1x16 = 16	0x1 + 1x10 = 10
11	1x1 + 1x2 = 3	1x1 + 1x16 = 17	1x1 + 1x10 = 11
100	0x1 + 0x2 + 1x(2x2) = 4	0x1 + 0x16 + 1x(16x16) = 256	0x1 + 0x10 + 1x(10x10) = 100
110	0x1 + 1x2 + 1x(2x2) = 6	0x1 + 1x16 + 1x(16x16) = 272	0x1 + 1x10 + 1x(10x10) = 110
111	1x1 + 1x2 + 1x(2x2) = 7	1x1 + 1x16 + 1x(16x16) = 273	1x1 + 1x10 + 1x(10x10) = 111

Wenn Ihnen das nun zu schnell ging oder Sie keine Lust haben, kompliziert herumzurechnen, dann kann ich Ihnen nur empfehlen, ein Taschenrechner-Programm zu nutzen oder die Python Shell:

```
>>> bin(0x0d20a0e3)
'0b11010010000010100000011100011'

>>> hex(0b11010010000010100000011100011)
'0x0d20a0e3'

>>> int('0d20a0e3', 16)
220242147

>>> int('11010010000010100000011100011', 2)
220242147

>>> hex(220242147)
'0x0d20a0e3'

>>> bin(220242147)
'0b11010010000010100000011100011'
```

Der Vollständigkeit halber sollte ich noch das oktale Zahlensystem erwähnen, welches auf der Basis von 8 aufbaut und nur die Ziffern 0-7 verwendet.

Wer wissen möchte, wie man in den verschiedenen Zahlensystemen rechnet und/oder wie man manuell zwischen Ihnen konvertiert, findet diverse Mathematik-Tutorials auf Youtube.

CPU-REGISTER

Register sind Datenspeicher, auf die der Prozessor besonders schnell zugreifen kann.

Auf einer 32bit ARM CPU gibt es die Register r0 – r15 die jeweils 4 Byte oder 32bit an Daten aufnehmen können. Hierbei haben einige Register eine spezielle Funktion:

r0	Zur freien Verwendung, bekommt den Rückgabewert einer Funktion oder eines Syscalls, wird für das erste Argument eines Syscalls genutzt
r1 – r6	Zur freien Verwendung, r1 – r3 werden für die für das zweite bis vierte Syscall-Argument genutzt
r7	Zur freien Verwendung, wird aber auch zum Angeben der Syscall-Nummer verwendet
r8 – r10	Zur freien Verwendung
r11	Frame Pointer (FP)
r12	Intra Procedural Call (IP)
r13	Stack Pointer (SP)
r14	Link Register (LR)
r15	Programm Counter (PC)

Der Stack Pointer zeigt auf das Ende des Stacks und kann somit verwendet werden, um auf den zuletzt auf den Stack gelegten Wert zuzugreifen. Das Link Register speichert bei einem Funktionsaufruf die Stelle des Programms, zu der nach dem Verlassen der Funktion wieder zurückgekehrt werden muss. Der Programm Counter zeigt auf die nächste auszuführende Anweisung.

Außerdem gibt es noch das CPSR (Current Program State Register), das diverse Flags enthält, auf das wir später näher eingehen.

Die Register haben bei einer 64bit CPU ein Fassungsvermögen von 64bit oder 8 Byte. Außerdem lässt sich die untere Hälfte der 64bit-Register als 32bit-Register (w0 – w30) ansprechen:

x0 – x30		w0 – w30

x0 ... ist das gesamte Register mit seinen 8 Byte an Daten (64bit)
w0 ... ist die untere Hälfte von x0 und entspricht den alten 4 Byte Registern (32bit)
        (Diese werden zB im 32bit Modus verwendet)

Das gleiche gilt für die anderen 30 Register (x1 - x30).

Auch unter 64bit haben bestimmte Register eine besondere Aufgabe:

x0	Zur freien Verwendung, bekommt den Rückgabewert einer Funktion oder eines Syscalls, wird für das erste Argument eines Syscalls genutzt
x1 - x7	Zur freien Verwendung, x1 - x7 werden für die für das zweite bis achte Syscall-Argument genutzt
x8	Zur freien Verwendung, wird aber auch zum Angeben der Syscall-Nummer verwendet
x9 - x15	Zur freien Verwendung
x16, x17	Intra Procedural Call Scratch registers (IP0 + IP1)
x18	Platform register (PR)
x19 - x28	Für die Verwendung in Funktionen (Callee-saved registers)
x29	Frame Pointer (FP)
x30	Link Register (LR)

Neu ist auch, dass der Programmcounter und Stackpointer nicht mehr als normale Register behandelt werden.

Außerdem stehen noch spezielle Register für die Arbeit mit Floating-Point Nummern (Gleitkommazahlen) und Vektoren zur Verfügung. Diese Register (V0 - V31) lassen sich dann wieder in 64bit (D0 - D31) und 32bit (S0 - S31) unterteilen.

Weiters gibt es noch das Zero-Register (XZR für 64bit und WZR für 32bit), das immer die 0 liefert und Schreib-vorgänge ignorieren so wie /dev/null in Linux.

Neben diesen allgemeinen Registern gibt es noch sogenannte System-Register, mit denen sich der Prozessor konfigurieren oder die Fehlerbehandlung und Dinge wie MMU kontrollieren lassen. Diese werden wir in dem Buch nicht weiter behandeln. Die sind nach dem Schema REG_ELx benannt, wobei ELx für den Berechtigungslevel steht (zB EL1 für Level 1 oder höher und EL2 für Level 2 oder höher, usw.).

DAS REGISTER CPSR (FLAGS)

Das Current Programm Status Register, kurz CPSR, dient dazu, bestimmte Zustände und Ereignisse mitzuteilen. Diese werden zB von den bedingten Sprungbefehlen (beq, bne, bgt, blt,...) ausgewertet.

32 Bit ARM				
Bit	Kürzel	Bezeichnung	1	0
0 - 4	MODE	CPU Mode		
5	T	State Bit	Thumb	ARM
6	F	FIQ disable	deaktiviert	aktiviert
7	I	IRG disable	deaktiviert	aktiviert
8-27		Reserviert (derzeit nicht in Verwendung)		
28	V	Overflow	Overflow	Kein Overflow
29	C	Carry Flag	Carry	Kein Carry
30	Z	Zero Flag	Erg. war 0	Erg. war nicht 0
31	N	Negative Flag	Erg. war negativ	Erg. war nicht negativ
64 Bit ARM (AARCH64)				
0 - 3	MODE	CPU Mode		
4	MODE[4]	Execution State		
5		Reserviert (derzeit nicht in Verwendung)		
6	F	FIQ disable	deaktiviert	aktiviert
7	I	IRG disable	deaktiviert	aktiviert
8	A	Asynchronous mask		
9	D	Debug mask		
10-19		Reserviert (derzeit nicht in Verwendung)		
20	IL	Illegal Execution State		
21	SS	Software Step		
22-27		Reserviert (derzeit nicht in Verwendung)		
28	V	Overflow	Overflow	Kein Overflow
29	C	Carry Flag	Carry	Kein Carry
30	Z	Zero Flag	Erg. war 0	Erg. war nicht 0
31	N	Negative Flag	Erg. war negativ	Erg. war nicht negativ

Die meisten Flags werden für spezielle Anwendungsfälle benötigt, aber die wichtigsten Flags werden wir uns im folgenden Kapitel genauer ansehen.

Auch das Flags-Register kann nicht direkt beeinflusst werden - zumindest der größte Teil davon. Lediglich einige wenige Bits kann man von Hand setzen, resetten oder negieren.

In der Regel wird dieses Register bzw. die Bits darin bei der Ausführung von anderen Befehlen gesetzt. Um eine bessere Vorstellung davon zu bekommen, was genau passiert werden, wird uns nun die wichtigsten Befehle genauer ansehen.

DIE WICHTIGSTEN ASSEMBLER BEFEHLE

In diesem Kapitel wollen wir uns die wichtigsten Befehle näher ansehen und die Arbeitsweise und auch die Effekte auf das Flags-Register genauer untersuchen.

Außerdem wollen wir uns mit gängigen Stolperfallen beschäftigen, die immer wieder zu allen möglichen schwer zu findenden Fehlern führen. Wenn wir gerade von Fehlern sprechen - diese kann man in folgende drei Kategorien aufteilen:

1) Syntaxfehler
Diese Fehler treten bei der Übersetzung des Programms auf und sich sehr leicht auszumachen, denn der Compiler / Assembler / Interpreter wird diese direkt mit einer Fehlerbeschreibung und meist auch mit einer Zeilennummer bemängeln. - Schreiben Sie bitte folgendes Programm:

```
section .text
      global  _start
      _start:
            mow    r0, #1
```

Sobald Sie es mit user@kali: ~$ **make** übersetzen bekommen Sie folgende Meldung:

```
arm-linux-gnueabi-as main_32.asm -o main_32.o
main_32.asm: Assembler messages:
main_32.asm:4: Error: bad instruction `mow r0,#3'
make: *** [Makefile:9: main_32.o] Error 1
```

Dies ist auch klar, denn den Befehl mow gibt es nicht - es sollte mov heißen. Mit bad instruction versucht der Assembler uns darauf hinzuweisen, dass an dieser Stelle keine gültige Anweisung steht.

Sie sehen also diese Fehler sind sehr leicht zu finden. Schwieriger wird es mit den folgenden zwei Kategorien.

2) Runtime- bzw. Laufzeit-Fehler
Um diese Fehler leichter zu verstehen, passen wir das oben gezeigte Programm wie folgt an:

```
.section .text
    .global _start
    _start:
            mov    r0, #3
            mov    r1, #0
            udiv   r0, r0, r1
```

Nun können wir das Programm wie bereits zuvor gezeigt mit make übersetzen und wir bekommen keine Fehlermeldung mehr.

Sobald wir das Programm mit user@kali: ~$ **./main_32** ausführen, erhalten wir folgenden Fehler:

```
Illegal instruction
```

Das Programm ist also zur Laufzeit abgestürzt und wir wissen in dem Fall auch nicht genau, an welcher Stelle. Lesern mit Programmiererfahrung haben sich wahrscheinlich schon denken können, dass wir hier eine Division durch Null produzieren und diese dann in einem Fehler endet.

3) Logische Fehler
Sind die komplexeste Kategorie von Fehlern und oftmals sehr schwer zu finden. Weder gibt es einen Fehler beim Übersetzen noch stürzt das Programm während der Laufzeit ab. Es liefert aber falsche bzw. unerwartete Ergebnisse.

Um Laufzeitfehler oder logische Fehler zu finden, nutzt man in der Regel Debugger. Diese Tools sind für Entwickler unerlässliche Helfer, ohne die eine Fehlersuche in vielen Fällen kaum möglich wäre!

Um unsere Programme mit Debugging-Informationen zu kompilieren, müssen wir die folgenden zwei Zeilen im Makefile wie folgt anpassen:

```
main_64.o: main_64.asm
        aarch64-linux-gnu-as -g main_64.asm -o main_64.o

main_32.o: main_32.asm
        arm-linux-gnueabi-as -g main_32.asm -o main_32.o
```

Mit der Option -g werden nun Debuginformationen in die Datei eingebunden.

TRANSFER-BEFEHL MOV

Wir haben bereits mit mov gearbeitet. Der Befehl setzt ein Register auf einen bestimmten Wert:

```
.section .text
    .global _start

    _start:
        // set and compare values
        mov     x0, #10
        mov     x1, #20
        cmp     x0, x1
        cmp     x1, x0
        cmp     x1, #10

        // exit
        mov     x8, #93
        mov     x0, #0
        svc     #0
```

Speichern Sie dieses Programm unter einem beliebigen Namen und übersetzen Sie es mit make.

Den Debugger von Codeblocks habe ich bereits vorgestellt. Für all diejenigen, die über eine SSH-Verbindung auf den ARM-Rechner zugreifen, will ich Ihnen hier noch GDB (GNU Debugger) vorstellen.

Dieses Programm wird über die Kommandozeile mit Befehlen bedient. Damit wir nicht so viele Befehle eingeben müssen und alle wichtigen Informationen im Überblick haben, wollen wir uns noch ein kleines Zusatztool installieren, das alle wichtigen Infos direkt anzeigt. Das sogenannte GDB-Dashboard finden Sie unter:

https://github.com/cyrus-and/gdb-dashboard

Die Installation mit folgendem Befehl erledigt:

wget -P ~ https://git.io/.gdbinit

Danach können wir das Programm debuggen...

Falls Sie bereits eine .gdbinit im Homeverzeichnis haben, wir die neu heruntergeladene Datei als .gdbinit.1 abgespeichert. Diese können Sie dann in der .gdbinit mit source ~/.gdbinit.1 einbinden!

EXKURS DEBUGGEN MIT GDB

Starten wir zunächst das Programm mit gdb:

$ **gdb -q main_64**
Reading symbols from main_64...

Danach müssen wir einen Breakpoint setzen und die Ausführung starten:

>>> **break _start**
Breakpoint 1 at 0x400078: file main_64.asm, line 4.
>>> **run**

Sobald das Programm läuft, sehen wir Folgendes:

```
--- Output/messages -----------------------------------------------------
Breakpoint 1, _start () at main_64.asm:4
4                    mov  x0, #10
--- Assembly ------------------------------------------------------------
!0x0000000000400078  ? mov    x0, #0xa                    // #10
 0x000000000040007c  ? mov    x1, #0x14                   // #20
 0x0000000000400080  ? cmp    x0, x1
 0x0000000000400084  ? cmp    x1, x0
 0x0000000000400088  ? cmp    x0, #0xa
 0x000000000040008c  ? mov    x8, #0x5d                   // #93
 0x0000000000400090  ? mov    x0, #0x0                    // #0
 0x0000000000400094  ? svc    #0x0
 0x0000000000400098  ? udf    #0
 0x000000000040009c  ? udf    #0
--- Breakpoints ---------------------------------------------------------
[1] break at 0x0000000000400078 in main_64.asm:4 for _start hit 1 time
--- Expressions ---------------------------------------------------------
--- History -------------------------------------------------------------
--- Memory --------------------------------------------------------------
--- Registers -----------------------------------------------------------
    x0 0x0000000000000000      x1 0x0000000000000000    x2 0x0000000000000000
    x3 0x0000000000000000      x4 0x0000000000000000    x5 0x0000000000000000
    x6 0x0000000000000000      x7 0x0000000000000000    x8 0x0000000000000000
    x9 0x0000000000000000     x10 0x0000000000000000   x11 0x0000000000000000
   x12 0x0000000000000000     x13 0x0000000000000000   x14 0x0000000000000000
   x15 0x0000000000000000     x16 0x0000000000000000   x17 0x0000000000000000
```

```
   x18 0x0000000000000000      x19 0x0000000000000000      x20 0x0000000000000000
   x21 0x0000000000000000      x22 0x0000000000000000      x23 0x0000000000000000
   x24 0x0000000000000000      x25 0x0000000000000000      x26 0x0000000000000000
   x27 0x0000000000000000      x28 0x0000000000000000      x29 0x0000000000000000
   x30 0x0000000000000000       sp 0x0000007ffffff3a0       pc 0x0000000000400078
  cpsr [ EL=0 ]               fpsr 0x00000000             fpcr 0x00000000
--- Source ------------------------------------------------------------------------
 1  .section .text
 2      .global _start
 3      _start:
!4          mov   x0, #10
 5          mov   x1, #20
 6          cmp   x0, x1
 7          cmp   x1, x0
 8          cmp   x0, #10
--- Stack -------------------------------------------------------------------------
[0] from 0x0000000000400078 in _start at main_64.asm:4
--- Threads -----------------------------------------------------------------------
[1] id 76493 name main_64 from 0x0000000000400078 in _start at main_64.asm:4
--- Variables ---------------------------------------------------------------------
-----------------------------------------------------------------------------------
>>>
```

Breakpoints können Sie natürlich auf jedes Label setzen oder auf eine Zeilennummer zB mit:

```
>>> break 20
```

Unter der Rubrik Assembly sehen wir den Assembly-Code, den der Disassembler aus dem Programm generiert. Außerdem sehen wir unter Source den Code, den wir selber geschrieben haben. Hierbei zeigt das ! am Zeilenanfang die Zeile an, in der der Breakpoint gesetzt ist.

Außerdem sehen wir alle wichtigen Register. Im Grunde also das Gleiche, das wir in Codeblocks auch sehen. GDB ist deutlich mächtiger als die grafischen Debugger, die wir in Code-Editoren finden, aber dafür deutlich umständlicher zu bedienen und nicht sehr intuitiv.

Dennoch werde ich im weiteren Verlauf des Buches die Ausgaben von DGB abdrucken und auf Dutzende Screenshots eines grafischen Debuggers mit schlecht lesbarem Text verzichten. Sie können natürlich den Debugger verwenden, der Ihnen am liebsten ist.

Um eine einzelne Zeile auszuführen, geben Sie in DGB den Befehl s oder step ein. Aus Gründen der Übersichtlichkeit werde ich hier nur noch den Registers-Bereich abdrucken:

```
>>> s
      x0  0x000000000000000a      x1  0x0000000000000000      x2  0x0000000000000000
      x3  0x0000000000000000      x4  0x0000000000000000      x5  0x0000000000000000
      x6  0x0000000000000000      x7  0x0000000000000000      x8  0x0000000000000000
      x9  0x0000000000000000     x10  0x0000000000000000     x11  0x0000000000000000
     x12  0x0000000000000000     x13  0x0000000000000000     x14  0x0000000000000000
     x15  0x0000000000000000     x16  0x0000000000000000     x17  0x0000000000000000
     x18  0x0000000000000000     x19  0x0000000000000000     x20  0x0000000000000000
     x21  0x0000000000000000     x22  0x0000000000000000     x23  0x0000000000000000
     x24  0x0000000000000000     x25  0x0000000000000000     x26  0x0000000000000000
     x27  0x0000000000000000     x28  0x0000000000000000     x29  0x0000000000000000
     x30  0x0000000000000000      sp  0x0000007ffffff3a0      pc  0x000000000040007c
    cpsr  [ EL=0 SS ]           fpsr  0x00000000            fpcr  0x00000000
```

Die Werte von Register x0 und pc sind nun Fett und bei Ihnen wahrscheinlich auch noch in Grün hervorgehoben. Dies liegt daran, dass diese sich geändert haben.

Außerdem ist nun die Zeilennummer 5 in Source hervorgehoben und der Assembly Block ist um eine Zeile weiter hinauf gerutscht. Nach dem nächsten s erhalten wir folgendes Bild in den Registern:

```
      x0  0x000000000000000a      x1  0x0000000000000014      x2  0x0000000000000000
      x3  0x0000000000000000      x4  0x0000000000000000      x5  0x0000000000000000
      x6  0x0000000000000000      x7  0x0000000000000000      x8  0x0000000000000000
      x9  0x0000000000000000     x10  0x0000000000000000     x11  0x0000000000000000
     x12  0x0000000000000000     x13  0x0000000000000000     x14  0x0000000000000000
     x15  0x0000000000000000     x16  0x0000000000000000     x17  0x0000000000000000
     x18  0x0000000000000000     x19  0x0000000000000000     x20  0x0000000000000000
     x21  0x0000000000000000     x22  0x0000000000000000     x23  0x0000000000000000
     x24  0x0000000000000000     x25  0x0000000000000000     x26  0x0000000000000000
     x27  0x0000000000000000     x28  0x0000000000000000     x29  0x0000000000000000
     x30  0x0000000000000000      sp  0x0000007ffffff3a0      pc  0x0000000000400080
    cpsr  [ EL=0 SS ]           fpsr  0x00000000            fpcr  0x00000000
```

Das sollte als kurze Einführung in GDB reichen. Für alles Weitere verweise ich Sie an die Dokumentation, die Sie unter https://www.gnu.org/software/gdb/documentation/ finden.

ARITHMETIK-BEFEHLE

Als Nächstes wollen wir uns die mathematischen Operationen ansehen sowie die Schwierigkeiten und Probleme, die uns bei der Arbeit mit den festen Bitwerten der Register erwarten. Dazu nutzen wir folgendes Programm, das wir mit dem Debugger zeilenweise ablaufen lassen:

```
.section .text
    .global _start
    _start:
        mov     x0, #3
        mov     x1, #2
        add     x2, x0, x1
        sub     x3, x1, x0
        subs    x4, x1, x0

        mov     w3, #0xFFFFFFFF
        adds    w5, w3, w0
        adc     w4, w6, w7

        mul     x3, x0, x1
        udiv    x4, x0, x1
        msub    x5, x4, x1, x0

        // Exit
        mov     x8, #93
        mov     x0, #0
        svc     #0
```

Zuerst belegen wir die Register x0 und x1 mit 3 bzw. 2 und addieren dann mit add x2, x0, x1 die zwei Werte von x0 und x1 wobei das Ergebnis in x2 gespeichert wird. Man kann diese Zeile quasi als x2 = x0 + x1 verstehen, genau wie bei den anderen arithmetischen Befehlen.

Sehen wir uns einmal an, wie die Register nach dem add-Befehl aussehen:

```
     x0 0x0000000000000003    x1 0x0000000000000002    x2 0x0000000000000005
     x3 0x0000000000000000    x4 0x0000000000000000    x5 0x0000000000000000
 ... Ausgabe gekürzt
    x30 0x0000000000000000    sp 0x0000007ffffff4e0    pc 0x0000000000400084
   cpsr [ EL=0 SS ]         fpsr 0x00000000          fpcr 0x00000000
```

Sobald wir die Subtraktion (sub x3, x1, x0) ausführen, sehen wir:

```
x0  0x0000000000000003      x1  0x0000000000000002      x2  0x0000000000000005
x3  0xffffffffffffffff      x4  0x0000000000000000      x5  0x0000000000000000
...  Ausgabe gekürzt
x30 0x0000000000000000      sp  0x0000007ffffff4e0      pc  0x0000000000400088
cpsr [ EL=0 SS ]           fpsr 0x00000000             fpcr 0x00000000
```

Auffällig ist, dass auch das CPSR-Register keinen Hinweis gibt, was passiert ist. Das liegt daran, dass arithmetische Befehle die Flags nicht updaten außer der Entwickler gibt das explizit an. Die geschieht durch das Suffix S. Daher steht subs für "SUBbract and Set flags".

Damit wir verstehen, was passiert, sehen wir uns zuerst an, wie Zahlen binär dargestellt werden. Hier am Beispiel vom Register x2:

				unterste 8 bit							Ergebnis
Bit	...	2	1	8	7	6	5	4	3	2	1	
Wert	...	512	256	128	64	32	16	8	4	2	1	
	...	0	0	0	0	0	0	0	1	0	1	4 + 1 = 5

Dies ist wie so genannte Unsigned-Werte (Zahlen ohne Vorzeichen) dargestellt werden. Wenn wir auch negative Werte abdecken wollen, dann müssen wir mit Signed-Werten arbeiten. Auch das wollen wir uns aus Platzgründen anhand eines 8bit Wertes ansehen. Das Schema ist bei 32- oder 64bit Werten natürlich ident.

				8 bit					Ergebnis
Bit	8	7	6	5	4	3	2	1	
Wert	-128	64	32	16	8	4	2	1	
	1	1	1	1	1	1	1	1	-128 + 64 + 32 + 16 + 8 + 4 + 2 + 1 = -1

Das höchste Bit mit dem größten Wert wird also als negative Zahl genutzt. Das klingt auf den ersten Blick kompliziert, ist aber die beste Option, denn wenn man das höchste Bit einfach als Vorzeichen-Bit verwenden würde, dann wäre 0b10000000 die Zahl -0 und 0b00000000 die Zahl 0 und man hätte somit zwei Werte für Null und damit auch eine 50%ige Chance, dass der Vergleich, ob etwas 0 ergibt, fehlschlägt, denn für den PC sind 0b10000000 und 0b00000000 nicht ident.

So ist aber 0b10000000 die Zahl -128 und 0b00000000 ist 0 und damit gibt es keine Überschneidungen.

35

Das Problem ist, dass wir hier nicht wissen, ob 0xffffffffffffffff nun die Zahl -1 oder 18.446.744.073.709.551.615 darstellen soll denn das CPSR wurde durch sub nicht aktualisiert wie bei x86.

Sobald wir die nächste Zeile (subs x4, x1, x0) ausführen, sehen wir Folgendes:

```
    x0 0x0000000000000003    x1 0x0000000000000002    x2 0x0000000000000005
    x3 0xffffffffffffffff    x4 0xffffffffffffffff    x5 0x0000000000000000
... Ausgabe gekürzt
   x30 0x0000000000000000    sp 0x0000007ffffff4e0    pc 0x000000000040008c
  cpsr [ EL=0 SS N ]        fpsr 0x00000000          fpcr 0x00000000
```

Diesmal wurde das CPSR aktualisiert und das N-Flag (negative) zeigt uns an, wie dieses Ergebnis zu interpretieren ist:

-9223372036854775808 + 4611686018427387904 + 2305843009213693952 + 1152921504606846976 + 576460752303423488 + 288230376151711744 + 144115188075855872 + 72057594037927936 + 36028797018963968 + 18014398509481984 + 9007199254740992 + 4503599627370496 + 2251799813685248 + 1125899906842624 + 562949953421312 + 281474976710656 + 140737488355328 + 70368744177664 + 35184372088832 + 17592186044416 + 8796093022208 + 4398046511104 + 2199023255552 + 1099511627776 + 549755813888 + 274877906944 + 137438953472 + 68719476736 + 34359738368 + 17179869184 + 8589934592 + 4294967296 + 2147483648 + 1073741824 + 536870912 + 268435456 + 134217728 + 67108864 + 33554432 + 16777216 + 8388608 + 4194304 + 2097152 + 1048576 + 524288 + 262144 + 131072 + 65536 + 32768 + 16384 + 8192 + 4096 + 2048 + 1024 + 512 + 256 + 128 + 64 + 32 + 16 + 8 + 4 + 2 + 1 = -1

Nach dem mov w3, #0xFFFFFFFF sehen wir Folgendes:

```
    x0 0x0000000000000003    x1 0x0000000000000002    x2 0x0000000000000005
    x3 0x00000000ffffffff    x4 0xffffffffffffffff    x5 0x0000000000000000
... Ausgabe gekürzt
   x30 0x0000000000000000    sp 0x0000007ffffff4e0    pc 0x0000000000400090
  cpsr [ EL=0 SS N ]        fpsr 0x00000000          fpcr 0x00000000
```

Das ganze x3-Register wurde geleert und nicht nur wie unteren 32bit überschrieben wie bei der Intel-Architektur. Führen wir die nächste Zeile aus, sehen wir:

```
    x0 0x0000000000000003    x1 0x0000000000000002    x2 0x0000000000000005
    x3 0x00000000ffffffff    x4 0x0000000000000000    x5 0x0000000000000002
... Ausgabe gekürzt
```

```
    x30 0x0000000000000000        sp 0x0000007ffffff4e0       pc 0x0000000000400094
   cpsr [ EL=0 SS C ]            fpsr 0x00000000            fpcr 0x00000000
```

Das Ergebnis von 0x00000000ffffffff + 0x0000000000000002 ist sicher nicht 1! Auch hier erklärt uns das CPSR wieder, wie das Ergebnis zu verstehen ist. Wie wir sehen, ist das Carry-Flag (C) gesetzt.

Das bedeutet, dass das Ergebnis nicht mehr in ein 32bit Register passt und die Addition muss in zwei Schritten durchgeführt werden. Die nächste Zeile (adc w4, w6, w7) steht für Add with Carry und danach sehen wir folgende Werte in den Registern:

```
    x0 0x0000000000000003        x1 0x0000000000000002       x2 0x0000000000000005
    x3 0x00000000ffffffff        x4 0x0000000000000001       x5 0x0000000000000002
    ... Ausgabe gekürzt
    x30 0x0000000000000000       sp 0x0000007ffffff4e0       pc 0x0000000000400098
   cpsr [ EL=0 SS C ]           fpsr 0x00000000            fpcr 0x00000000
```

Hierbei werden zuerst die Register w3 und w1 addiert, welche die niedrigeren Bits darstellen und dann werden die Register w6 und w7 mit dem Carry-Flag addiert. Die zwei Zielen ergeben also folgende Rechnung:

w4:w5 = w6:w3 + w7:w0

Wir setzen also jeweils eine 64bit-Zahl aus zwei 32bit Registern zusammen. Natürlich können wir so auch eine 128bit Zahl aus zwei 64bit Registern zusammenfügen wenn wir eine AARCH64 CPU haben.

Da wie Register w6 und w7 ohnehin leer sind, können wir diese ignorieren und die Rechnung mit Python nachstellen:

```
>>> 0x00000000ffffffff + 0x0000000000000002
4294967298
>>> hex(4294967298)
'0x100000002'
```

Der Wert 0x100000002 setzt sich wie gesagt aus den Registern w4 und w5 zusammen. Ich habe dies hier nochmals Fett hervorgehoben:

```
    x3 0x00000000ffffffff        x4 0x0000000000000001       x5 0x0000000000000002
```

Sie müssen aufpassen, ob Sie mit 32- oder 64bit arbeiten und die entsprechenden Teile zusammenfügen, denn würden Sie die ganzen 64bit-Register zusammenfügen, dann wäre das Ergebnis falsch:

```
>>> 0x0000000000000010000000000000002
18446744073709551618
```

Außerdem ist das Carry-Flag noch immer gesetzt, da wir mit adc die Flags nicht aktualisieren. Ein adcs hätte das Carry-Flag gelöscht bzw. das CPSR aktualisiert. Darauf müssen wir achten, denn sonst könnten wir auf Umstände reagieren, die noch von einem vorherigen Befehl stammen.

Nach dem mul Befehl sehen wir folgendes Bild:

```
x0 0x0000000000000003    x1 0x0000000000000002    x2 0x0000000000000005
x3 0x0000000000000006    x4 0x0000000000000001    x5 0x0000000000000002
... Ausgabe gekürzt
x30 0x0000000000000000    sp 0x0000007ffffff4e0    pc 0x000000000040009c
cpsr [ EL=0 SS C ]        fpsr 0x00000000         fpcr 0x00000000
```

Wie sie sich sicher schon gedacht haben, ist dies das Ergebnis der Multiplikation von 2 und 3, das in x3 gespeichert wird. Wir sehen außerdem immer noch, dass das C-Flag gesetzt ist. Bei der Multiplikation und Division ist das Updaten der Flags nicht vorgesehen - zumindest bei AARCH64.

Auf 32bit Systemen gibt es den Befehl muls!

Die Division von Zahlen kann mit udiv auf Unsigned-Werten und mit sdiv auf Basis von Signed-Zahlen ausgeführt werden. Hierbei wird nur der ganzzahlige Teil ermittelt - nachdem wir die Zeile udiv x4, x0, x1 ausgeführt haben, sehen wir:

```
x0 0x0000000000000003    x1 0x0000000000000002    x2 0x0000000000000005
x3 0x0000000000000006    x4 0x0000000000000001    x5 0x0000000000000002
... Ausgabe gekürzt
x30 0x0000000000000000    sp 0x0000007ffffff4e0    pc 0x00000000004000a0
cpsr [ EL=0 SS C ]        fpsr 0x00000000         fpcr 0x00000000
```

Hierbei rechnen wir 3 geteilt durch 2 = 1. Wenn wir den Rest ebenfalls ermitteln wollen, dann können wir dies mit der nächsten Zeile tun. Diese ist als x5 = x0 - (x4 * x3) zu verstehen und liefert daher den Rest der Division:

```
x0 0x0000000000000003    x1 0x0000000000000002    x2 0x0000000000000005
x3 0x0000000000000006    x4 0x0000000000000001    x5 0x0000000000000001
... Ausgabe gekürzt
x30 0x0000000000000000    sp 0x0000007ffffff4e0    pc 0x00000000004000a4
cpsr [ EL=0 SS C ]        fpsr 0x00000000         fpcr 0x00000000
```

Dann folgt unser altbekannter exit-Syscall.

Als Nächstes wollen wir uns den cmp Operator ansehen und dazu nutzen wir dieses Programm:

```
.section .text
    .global _start

    _start:
        mov   x0, #100
        mov   x1, #101
        subs  x2, x0, x1

        adds  x2, x0, #1
        mov   x2, #0
        cmp   x0, x1

        // Exit
        mov     x8, #93
        mov     x0, #0
        svc     #0
```

Nachdem wir mov x0, 100 und mov x1, 100 sowie subs x2, x0, x1 ausgeführt haben, steht das x2-Register auf dem Wert 0, das x0- und x1-Register auf 100 bzw. 0x64 und das CPSR zeigt [EL=0 SS C Z]:

```
    x0 0x0000000000000064    x1 0x0000000000000065    x2 0xffffffffffffffff
    ... Ausgabe gekürzt
  cpsr [ EL=0 SS N ]       fpsr 0x00000000          fpcr 0x00000000
```

Die Befehle adds x2, x0, #1 und mov x2, #0 resetten das CPSR und das x2-Register. Nach dem cmp Befehl sehen wir Folgendes:

```
    x0 0x0000000000000064    x1 0x0000000000000065    x2 0x0000000000000000
    ... Ausgabe gekürzt
  cpsr [ EL=0 SS N ]       fpsr 0x00000000          fpcr 0x00000000
```

Im CPSR sehen wir die gleichen Flags wie zuvor, aber das Ergebnis wurde nicht gespeichert. cmp (compare) macht also genau das Gleiche wie subs (subtract and set flags) nur ohne das Ergebnis zu speichern!

Natürlich gibt es noch einige weitere arithmetische Befehle - hierzu verweise ich allerdings auf die Dokumentation, denn die Arbeit mit der Dokumentation ist für Entwickler essenziell und ich will mit diesem Buch eine Einführung bieten und nicht die Dokumentation ersetzen.

BEDINGTE BEFEHLE IN 32BIT ARM

Diese Befehle sind in AARCH64 nicht mehr vorhanden. Weil moderne CPUs sehr gut darin sind, mögliche Verzweigungen richtig vorherzusagen, sind diese Befehle nicht mehr nötig, denn Sie bringen kaum einen Vorteil gegenüber klassischen Verzweigungen.

Falls Sie irgendwo darauf stoßen, sollten Sie diese Möglichkeit dennoch einmal gesehen haben. Dazu habe ich folgenden Code geschrieben:

```
.section .text
    .global _start
        _start:
            mov     r0, #0
            subs    r3, r0, r0

            addeqs  r3, r3, #1
            addeqs  r3, r3, #2

            // Exit
            mov     r7, #4
            mov     r0, #0
            swi     #0
```

Nachdem wir die Befehle mov und subs ausgeführt haben, sehen unsere Register wie folgt aus:

```
    r0 0x00000000      r1 0x00000000      r2 0x00000000      r3 0x00000000
    r4 0x00000000      r5 0x00000000      r6 0x00000000      r7 0x00000000
    r8 0x00000000      r9 0x00000000     r10 0x00000000     r11 0x00000000
   r12 0x00000000      sp 0xbefff670      lr 0x00000000      pc 0x0001005c
  cpsr 0x60000010    fpscr 0x00000000
```

Hier wird uns das CPSR nicht direkt decodiert und daher müssen wir dies von Hand tun. Dazu verwende ich die Python-Shell:

```
>>> bin(0x60000010)
'0b1100000000000000000000000000010000'
```

Wir sehen hier, dass Bit 29 und 30 (Sie müssen bei 0 anzufangen zu zählen und nicht bei 1) gesetzt sind. Das entspricht bei 32bit den Flags C und Z! Da ein Vergleich wie eine Subtraktion arbeitet, zeigt uns das Zero-Flag (Z) an, dass die Werte übereinstimmen.

Die nächste Anweisung ist `addeqs` (add if eqal and set flags). Nachdem diese Codezeile ausgeführt wurde sehen die Register wie folgt aus:

```
 r0 0x00000000    r1 0x00000000    r2 0x00000000    r3 0x00000001
 r4 0x00000000    r5 0x00000000    r6 0x00000000    r7 0x00000000
 r8 0x00000000    r9 0x00000000   r10 0x00000000   r11 0x00000000
r12 0x00000000    sp 0xbefff670    lr 0x00000000    pc 0x00010060
cpsr 0x00000010  fpscr 0x00000000
```

r3 hat nun den Wert 1 im CPSR sind die Zero- und Carry-Flags gelöscht worden. Daher wird beim zweiten `addeqs` Befehl der Wert von r3 nicht um 2 erhöht:

```
 r0 0x00000000    r1 0x00000000    r2 0x00000000    r3 0x00000001
 r4 0x00000000    r5 0x00000000    r6 0x00000000    r7 0x00000000
 r8 0x00000000    r9 0x00000000   r10 0x00000000   r11 0x00000000
r12 0x00000000    sp 0xbefff670    lr 0x00000000    pc 0x00010064
cpsr 0x00000010  fpscr 0x00000000
```

Natürlich gibt es entsprechende weitere Optionen, die Addition bei Ungleichheit (ne) durchzuführen oder wenn ein Wert größer (gt) oder kleiner (lt) ist und einige andere mehr.

Selbstverständlich gilt das nicht nur für den add Befehl, sondern für einige weitere Befehle. Dabei ist das Schema immer gleich:

```
cmd{condition}{s}
```

Für eine genaue Liste der Bedingungen ({condition}) und der Befehle, die diese Suffixe unterstützen, verweise ich auf die Dokumentation. Nachdem dies allerdings bei der 64bit Architektur wieder abgeschafft wurde, würde ich Ihnen raten, sich nicht allzu sehr daran zu gewöhnen!

LOGISCHE OPERATOREN

Logische Operatoren arbeiten bitweise und zeigen so am besten, wie ein Prozessor wirklich arbeitet. Die CPU ist nichts weiter als eine enorme Ansammlung von Schaltungen, durch die Stromimpulse geleitet werden. Ein Teil der Impulse (der Befehl) manipuliert dabei den Weg, den der andere Teil der Impulse (die Daten) nehmen.

Es gibt einige Projekte und viele gute Videos auf Youtube dazu, wie man sich einen 8-Bit Computer auf mehreren Breadborads bauen kann und entsprechende Sets mit allen Komponenten. Jedem, der den Aufbau einer CPU besser verstehen will, dem lege ich die Videos von **Ben Eater** ans Herz:

https://www.youtube.com/watch?v=HyznrdDSSGM&list=PLowKtXNTBypGqImE405J2565dvjafglHU

Um uns diese Operatoren anzusehen, habe ich folgendes Programm geschrieben:

```
.section .text
    .global _start
    _start:
        mov   x0, #11
        lsl   x2, x0, #2
        lsr   x2, x0, #2
        negs  x2, x2

        mov   x0, #28
        mov   x1, #120
        and   x2, x0, x1

        orr   x2, x0, x1

        eor   x2, x0, x1

        // Exit
        mov   x8, #93
        mov   x0, #0
        svc   #0
```

... welches wir wieder wie üblich debuggen werden.

Mit mov x0, #11 setzen wir das unten gezeigte Bitmuster in das Register.

Nach dem lsl Befehl sehen wir folgendes Bild in den Registern:

x0 0x000000000000000b   x1 0x0000000000000000   x2 **0x000000000000002c**

Um das zu verstehen, wollen wir uns ansehen, was `lsl` mit den einzelnen Bits macht:

Bit	...	2	1	8	7	6	5	4	3	2	1	Ergebnis
				unterste 8 bits								
Bit	...	2	1	8	7	6	5	4	3	2	1	
Wert	...	512	256	128	64	32	16	8	4	2	1	
mov	...	0	0	0	0	0	0	1	0	1	1	1x8 + 1x2 + 1x1 = 11
lsl	...	0	0	0	0	1	0	1	1	0	0	1x32 + 1x8 + 1x4 = 44

Nach der `lsl` (logical shift left) Operation haben wir die Zahl 44 bzw. 0x2c in dem Register x2. Der Befehl ist also als x2 = x0 << 2 zu verstehen. Sofern es zu keinem Overflow kommt, bei dem Bits wegfallen, entspricht ein `lsl` einer Verdoppelung bei jedem Bit um das verschoben wird - hier wären dies 2 Bit und damit erhalten wir zwei Verdoppelungen.

Nach `lsr` sehen wir in den Registern Folgendes:

x0 0x000000000000000b   x1 0x0000000000000000   x2 **0x0000000000000002**

Dieses Ergebnis habe ich wiederum aufgeschlüsselt:

Bit	...	2	1	8	7	6	5	4	3	2	1	Ergebnis
				unterste 8 bits								
Bit	...	2	1	8	7	6	5	4	3	2	1	
Wert	...	512	256	128	64	32	16	8	4	2	1	
mov	...	0	0	0	0	0	0	1	0	1	1	1x8 + 1x2 + 1x1 = 11
lsr	...	0	0	0	0	0	0	0	0	1	0	1x2 = 2

Das `lsr` (logical shift right) macht genau das Gegenteil. Hier schieben wir die Bytes um zwei Stellen nach rechts und das entspricht damit einer Division durch 4 in diesem Beispiel. Außerdem werden die zwei niedrigeren Bits einfach abgeschnitten, wenn Sie aus dem Register "hinausgeschoben" werden.

Der `negs` (negate and set flags) Befehl verwandelt eine positive Zahl in eine negative Zahl und umgekehrt.

```
x0 0x000000000000000b    x1 0x0000000000000000    x2 0xfffffffffffffffe
... Ausgabe gekürzt
cpsr [ EL=0 SS N ]       fpsr 0x00000000          fpcr 0x00000000
```

43

Dabei werden die Bits derart umgeordnet, dass bei der Behandlung als vorzeichenbehaftete Zahl der mit -1 multiplizierte Wert herauskommt. Aus 2 wird also -2 und aus -2 würde 2. Lassen Sie sich also nicht verwirren, nur weil der Debugger 0xfffffffffffffffe anzeigt, denn das entspricht, wie wir bereits wissen, folgender Rechnung:

```
-9223372036854775808 + 4611686018427387904 + 2305843009213693952 + 1152921504606846976
+ 576460752303423488 + 288230376151711744 + 144115188075855872 + 72057594037927936
+ 36028797018963968 + 18014398509481984 + 9007199254740992 + 4503599627370496
+ 2251799813685248 + 1125899906842624 + 562949953421312 + 281474976710656 +
140737488355328 + 70368744177664 + 35184372088832 + 17592186044416 + 8796093022208
+ 4398046511104 + 2199023255552 + 1099511627776 + 549755813888 + 274877906944 +
137438953472 + 68719476736 + 34359738368 + 17179869184 + 8589934592 + 4294967296 +
2147483648 + 1073741824 + 536870912 + 268435456 + 134217728 + 67108864 + 33554432 +
16777216 + 8388608 + 4194304 + 2097152 + 1048576 + 524288 + 262144 + 131072 + 65536 +
32768 + 16384 + 8192 + 4096 + 2048 + 1024 + 512 + 256 + 128 + 64 + 32 + 16 + 8 + 4 + 2
= -1
```

Hierbei würde neg wiederum nicht das CPSR aktualisieren und das N-Flag nicht setzen und daher nutzen wir wieder das Suffix s für set flags.

Die folgenden Operatoren benötigen jeweils 3 Argumente und sind in dem Fall als x2 = x0 OP x1 zu verstehen, wobei OP der jeweiligen Operation (and, orr, eor) entspricht.

Auch diese Operatoren arbeiten bitweise, wobei die Betrachtung der Zahlenwerte in den folgenden Fällen wenig Sinn macht. Ich habe Sie nur aufgeschlüsselt, damit Sie die Vorgänge mit den Anzeigen im Debugger besser nachverfolgen können.

Die folgenden Operatoren sind rein dazu gedacht, um Bitmuster zu manipulieren und nicht wirklich um damit zu rechnen!

Der and Befehl ist die logische Und-Verknüpfung zweier Werte.

					unterste 8 bits						Ergebnis
Bit	...	2	1	8	7	6	5	4	3	2	1	
Wert	...	512	256	128	64	32	16	8	4	2	1	
x0	...	0	0	0	0	0	1	1	1	0	0	16 + 8 + 4 = 28
x1	...	0	0	0	1	1	1	1	0	0	0	64 + 32 + 16 + 8 = 120
and	...	0	0	0	0	0	1	1	0	0	0	16 + 8 = 24

Hierbei ist das Ergebnis 1, wenn in beiden Registern das jeweilige Bit eine 1 enthält. In allen anderen Fällen ist das Ergebnis 0. Die ergibt in dem Fall 24 bzw. die hexadezimale Zahl 0x18.

Das genaue Gegenteil davon ist die logische Oder-Verknüpfung bzw. der orr (logical or) Befehl:

				unterste 8 bits								Ergebnis
Bit	...	2	1	8	7	6	5	4	3	2	1	
Wert	...	512	256	128	64	32	16	8	4	2	1	
x0	...	0	0	0	0	0	1	1	1	0	0	16 + 8 + 4 = 28
x1	...	0	0	0	1	1	1	1	0	0	0	64 + 32 + 16 + 8 = 120
orr	...	0	0	0	1	1	1	1	1	0	0	64 + 32 + 16 + 8 + 4 = 124

Hier ist das Ergebnis eine 0, wenn in beiden Registern an der jeweiligen Stelle eine 0 steht und in jedem anderen Fall ist das Ergebnis eine 1. Das Ergebnis ist in dem Fall 124 oder in hex. 0x7c!

Die dritte logische Verknüpfung ist das Exklusiv-Oder, die wir mit dem eor Operator anwenden:

				unterste 8 bits								Ergebnis
Bit	...	2	1	8	7	6	5	4	3	2	1	
Wert	...	512	256	128	64	32	16	8	4	2	1	
x0	...	0	0	0	0	0	1	1	1	0	0	16 + 8 + 4 = 28
x1	...	0	0	0	1	1	1	1	0	0	0	64 + 32 + 16 + 8 = 120
xor	...	0	0	0	1	1	0	0	1	0	0	64 + 32 + 4 = 100

Hierbei erhält man bei unterschiedlichen Bits eine 1 und dort, wo die Bits übereinstimmen, eine 0.

Das erklärt nun auch, warum mov x0, #0 und eor x0, x0 beide das x0-Register mit Nullen füllen. Vor allem beim reverse Engeneering wird man oft darauf stoßen, weil viele Compiler ein eor einem mov vorziehen.

In unserem Beispiel ergibt das dann 100 bzw. 0x64 in der hexadezimalen Schreibweise.

DIVERSE WEITERE BEFEHLE

Ein Befehl, den wir bereits gesehen, aber nicht weiter erläutert haben, ist `ldr` (load adress). Damit haben wir bei dem "Hello World" Beispiel die Speicheradresse des Textes in ein Register geladen.

Die Syntax ist hierbei zB `ldr x0, =label` bzw. `ldr x0, #offset` wobei damit die Speicheradresse von `label` in das Register `x0` geladen wird. Hierbei muss dem Labelnamen ein = vorangestellt werden.

Den `swi` (32bit) und `svc` (64bit) Operator um einen Syscall auszuführen, haben wir ebenfalls bereits kennengelernt.

Der `nop` (no operation) Befehl weist den Prozessor an, nichts zu tun und ist vor allem bei Exploit-Code beliebt, um das Ziel zu vergrößern, das man mit einem Pointer treffen will.

Die Branch-Befehle, mit denen wir auf Ereignisse reagieren oder in Unterprogramme bzw. Funktionen springen und aus diesen wieder zurückkehren, sehen wir uns in den Kapiteln Funktionen und Verzweigungen im Detail an. Gleiches gilt für die Befehle, um Daten auf den Stack zu lesen und davon wieder zu laden!

Abgesehen von den hier gezeigten Standard-Befehlen gibt es viele Befehle für spezielle Aufgaben und ich verweise hier auch wieder auf die Dokumentation.

Abgesehen von der offiziellen Dokumentation sind noch folgende Seiten sehr informativ:

- https://www.keil.com/support/man/docs/armasm/armasm_dom1361289850039.htm
- https://thinkingeek.com/arm-assembler-raspberry-pi/

VERZWEIGUNGEN IN ASSEMBLER

Leser mit Programmiererfahrung kennen aus anderen Sprachen verschiedene Konstrukte, um im Programm auf bestimmte Ereignisse oder Umstände zu reagieren.

In Assembler haben wir dazu die Befehle der Branch-Familie. Sehen wir uns dazu erst einmal an, welche Befehle darin enthalten sind:

b   **Branch** (wird immer ausgeführt - man spricht auch von einem Unconditional Jump oder Branch)

br   **Branch to register** (Unconditional Branch zur Adresse aus einem Register)

bx   **Branch and exchange instruction set** (Unconditional Branch und Wechsel des Modus falls nötig - zB ARM auf Thumb, etc.)

bl   **Branch with link** (um einen Unterprogramm- bzw. Funktionsaufruf anzudeuten, Rückspungadresse wird in $x30$ bzw. lr bzw. $r14$ gespeichert)

blr   **Branch with link to register** (Unterprogramm- bzw. Funktionsaufruf zur Adresse aus einem Register, Rückspungadresse wird in $x30$ / lr / $r14$ gespeichert)

cbz   **Compare register and branch on zero** (Sprung wenn ein Register $0x0$ enthält)

cbnz   **Compare register and branch on nonzero** (Sprung wenn ein Register nicht $0x0$ enthält)

Die weiteren sogenannten Conditional Branches teilen sich in jene, die das Ergebnis so auswerten, als wären die verglichenen Werte vorzeichenlose (unsigned) oder vorzeichenbehaftete (signed) Zahlen.

b.cond **Branch if condition** (hier kommen wieder die entsprechenden Suffixe wie ne, lt, gt, eq, ... zum tragen)

Als Suffix sind folgende Werte erlaubt:

UNSINED BRANCHES

hi   **higher** (größer)

hs   **higher or same** (größer oder gleich)

lo   **lower** (kleiner)

ls   **lower or same** (größer oder gleich)

SIGNED BRANCHES

ge   **greater or equal** (größer oder gleich)

lt   **lighter** (kleiner)

gt   **greater** (größer)

le   **lighter or equal** (kleiner oder gleich)

mi	minus (N-flag is set)
pl	plus (N-flag is not set)

ALLGEMEINE BRANCHES (SIGNED UND UNSIGNED)

eq	equal (gleich)
ne	not equal (ungleich)
cs	carry set (C-flag is set)
cc	carry clear (C-flag is not set)
vs	overflow set (V-flag is set)
vc	overflow clear (V-flag is not set)

Ein Label ist, wie bereits erwähnt, ein frei definierter Text, der mit einem : endet. Für diesen gelten im Grunde die gleichen Regeln wie für Variablen in verschiedensten Programmiersprachen. Nutzen Sie nur die Zeichen A-Z, 0-9 und der Unterstrich, aber keine deutschen Umlaute oder sonstige Sonderzeichen. Außerdem sind Labels Case-Sensitive, sprich Sie unterscheiden zwischen Groß- und Kleinschreibung. _yes und _Yes sind also zwei unterschiedliche Labels. Wenn Sie sich vertippen, bekommen Sie folgenden Fehler:

```
undefined reference to `SomeLabel'
```

Sehen wir uns dazu folgenden Beispiel-Code an:

```
.section .data
    is10:   .ascii  "X0 is 10\n"
    lenIs   = . - is10

    not10:  .ascii  "X0 is not 10\n"
    lenNot  = . - not10

.section .text
    .global _start
    _start:
        // setup values for comparison
        mov     x0, #10
        mov     x1, #10

        // compare
        cmp     x0, x1
        b.eq    _yes
        b       _no
```

```
_yes:
    // set text + len for syscall
    ldr    x1, =is10
    mov    x2, #lenIs
    b      _end

_no:
    // set text + len for syscall
    ldr    x1, =not10
    mov    x2, #lenNot

_end:
    // complete write-syscall
    mov    x8, #64
    mov    x0, #1
    svc    #0

    // end syscall
    mov    x8, #93
    mov    x0, #0
    svc    #0
```

Zuerst definieren wir in der `.data` Sektion zwei Texte die wir mit `is10` und `not10` ansprechen können sowie die dazugehörigen Textlängen als benannte Konstanten `lenIs` und `lenNot`.

Dann setzen wir `x0` und `x1` jeweils auf den Wert `10`.

Der `cmp`-Befehl vergleicht `x0` und `x1` und setzt das CPSR entsprechend. Danach wird mit `b.eq` das
Zero-Flag ausgewertet.

Assembler mit seinen kryptischen Mnemonics und der etwas gewöhnungsbedürftigen Syntax ist
schon so etwas unübersichtlich und schwerer zu verstehen, vor allem weil einfachste Programme
viel länger werden als in anderen Sprachen - zum Vergleich das gleiche Programm in Python:

```python
value = 10
serched_value = 10

if value == serched_value:
    print("X0 is 10")
else:
    print("X0 is not 10")
```

Man kann dieses Programm nicht nur kürzer, sondern auch deutlich verständlicher schreiben, denn `if value == serched_value` sagt viel deutlicher aus, was da vorgeht als `cmp x0, x1` und `b.eq _yes`!

Außerdem sorgt das sinnvolle Benennen von Variablen für weitere Übersichtlichkeit. In Assembler haben wir meist mit Registern oder Speicheradressen zu tun und wir können nur die Labels sinnvoll benennen. Daher sollte man so gut es geht darauf achten zumindest aussagekräftige Labels zu setzen und Sprungbefehle die den Sinn des Programms ebenfalls unterstrichen.

Dabei müssen Labels nicht kurz sein - frei nach Austin Powers ginge auch das:

```
b.eq    _yes_yes_yes_the_register_x0_is_10_yeah_baby_groovie
b       _oh_no_shame_on_me_i_dont_set_x0_to_10
```

Aber wieder zurück zu unserem Programm - nachdem `cmp` die Flags gesetzt hat, wird `b.eq` zum Label `_yes` spingen sofern `x0` und `x1` beide den Wert `10` haben. In `_yes` wird dann der entsprechende Pointer zum String mit dem Label `is10` und die Länge dieses Textes in `x1` und `x2` geladen. Das `jmp _end` sorgt dann dafür, dass wir den `_no` Teil überspringen. Würden wir das nicht machen, dann würde der Inhalt von `x1` und `x2` wieder überschrieben und die Ausgabe wäre falsch.

Sollten Sie einen der Werte verändert haben, wird in der Zeile `b.eq _yes` kein Sprung ausgeführt und `b _no` sorgt dafür, dass wir dann auf jeden Fall direkt zu `_no` springen. Und die darin vorgesehenen Werte setzen.

Da direkt im Anschluss an den Code von `_no` das Label `_end` kommt, können wir uns an dieser Stelle ein `b _end` sparen, da das Programm ohnehin an dieser Stelle weitermachen würde.

In `_end` setzen wir `x8` auf 64 und `x0` auf 1 um den `write`-Systemcall zu komplettieren und `svc #0` sogt schließlich für die Ausgabe. Danach folgt der altbekannte `exit`-Systemcall.

Verstehen Sie nun, warum man das als Spagetticode bezeichnet?

Außerdem zeigt das Beispiel auch ein weiteres Problem. Ein anderer Entwickler muss nicht unbedingt wissen, dass `x1` den gesuchten Wert enthält, und er könnte `x1` verändern. Dann würde `X0 is not 10` ausgegeben, selbst wenn in `x0` der Wert `10` gespeichert ist. Ein Kommentar zur Erläuterung oder aber der Vergleich `cmp x0, #10` würde Abhilfe schaffen!

Wie Sie sehen, ist es also gar nicht so leicht gut verständlichen Assembler-Code zu schreiben.

Um nun den Unterschied zwischen signed und unsigned Jumps zu untersuchen, könnten Sie einfach die folgenden Zeilen ändern:

```
// setup values for comparison
mov    x0, #10
mov    x1, #-1

// compare
cmp    x0, x1
b.gt   _yes
b      _no
```

Ich lasse es Sie als Übung selber untersuchen, was im Fall von b.hi und b.gt ausgegeben wird und warum.

Unterschiede zu 32bit ARM Assembly

Bei 32bit muss man abgesehen von den Registern bei b.xx den . weglassen. Hier hätten wir also beq (Branch if equal) oder bgt (Branch if greater) oder bhi (Branch if higher) zu schreiben.

Diese Schreibweise ist übrigens auch bei AARCH64 erlaubt.

MUSTERLÖSUNG B.HI VS. B.GT

Nach dem zwei mov Befehlen aus dem Setup-Block sehen die Register wie folgt aus:

```
x0 0x000000000000000a    x1 0xffffffffffffffff   x2 0x0000000000000000
... Ausgabe gekürzt
cpsr [ EL=0 SS ]         fpsr 0x00000000        fpcr 0x00000000
```

Der Befehl b.hi wertet den Vergleich auf Basis von vorzeichenlosen Zahlen (unsigned) aus und das daher ergibt der Vergleich, dass 0x000000000000000a kleiner ist als 0xffffffffffffffff und so wird das Label _no angesprungen. Die Ausgabe "X0 is not 10" wird somit am Bildschirm angezeigt.

Bei b.gt wird der Vergleich auf Basis von vorzeichenbehafteten Zahlen (signed) ausgewertet und daher ergibt der Vergleich, dass 0x000000000000000a größer ist als 0xffffffffffffffff. Darum ist die Ausgabe "X0 is 10" da das Label _yes angesprungen wird.

Buchstaben, positive und negative Ganzzahlen oder Kommazahlen sind für den Rechner nur eine Folge von Einsen und Nullen und in Assembler ist es essenziell, genau darauf zu achten, wie diese Bitfolgen zu interpretieren sind bzw. mit welchen Daten wir im Moment arbeiten.

Wie Sie sehen, führt die falsche Abfrage bzw. der falsche Sprungbefehl zu einem falschen Verhalten des Programms, das nicht sofort auffallen muss. Das wäre ein klassischer logischer Fehler der bei bestimmten Daten falsche Ergebnisse produziert und dies ist oftmals nur schwer zu finden.

Würden wir anstatt der -1 die Ziffer 1 verwenden, würden b.hi und b.gt beide "X0 is 10" liefern denn 10 ist größer als 1 egal ob wir die Bitmuster nun als signed oder unsigned Integer behandeln. Genau darum sollte man sich als Entwickler auch genug Zeit zum Testen des Codes bzw. der Programme nehmen und mit allen denkbaren Werten testen.

SCHLEIFEN UND FUNKTIONEN

Sehen wir uns nun ein weiteres Beispiel-Programm an, in dem wir das bisher gelernte Anwenden und mit einer Schleifen-Konstruktion kombinieren:

```
.section .data
    digit:  .ascii  " is a digit\n"
    lenDig  = . - digit

    number: .ascii  " is a number\n"
    lenNum  = . - number

    errNan: .ascii  "Just positive integers are allowed!\n"
    lenNan  = . - errNan

    prompt: .ascii  "Enter a number: "
    lenPro  = . - prompt

    lenInp  = 20

.section .bss
    // reserve space for user input
    .lcomm   input, lenInp

.section .text
    .global  _start

    _start:
        // output prompt
        mov     x8, #64
        mov     x0, #1
        ldr     x1, =prompt
        mov     x2, lenPro
        svc     #0

        // get user input
        mov     x8, #63
        mov     x0, #0
        ldr     x1, =input
        mov     x2, lenInp
        svc     #0
```

```
//bl     fake_syscall

// count input length and calc. value of string
stp     x0, xzr, [sp, #-16]!        // Store x0 and xzr on stack
mov     x3, x0
ldr     x0, =input
mov     x1, #0
mov     x2, #10                     // Base 10 for conversation
mov     x4, #0

_convert_loop:
    mul     x4, x4, x2              // multiply sum. (x4) with 10 (x2)
    ldrb    w1, [x0], #1            // load byte next into x1

    cmp     x1, #48
    b.lo    _errorNan               // jump if below
    cmp     x1, #57
    b.hi    _errorNan               // jump if above

    sub     x1, x1, #48             // subtract 48 to convert ascii
                                    // to integer
    add     x4, x4, x1              // X4 + X1   =>  0 * 10 + 1 = 1
                                    //               1 * 10 + 2 = 12
                                    //              12 * 10 + 3 = 123

    sub     x3, x3, #1              // increment counter for output
    cmp     x3, #1                  // check if only \n is left
    b.ne    _convert_loop           // continue converting if not

// output number
mov     x8, #64
mov     x0, #1
ldr     x1, =input
ldp     x2, xzr, [sp], #16          // counter value from before
sub     x2, x2, #1                  // cut \n at the end of the text
svc     #0

// compare
cmp     x4, #10
b.lo    _isDigit                    // jump if below
```

```
_isNumber:
    // set text + len for syscall
    ldr     x1, =number
    mov     x2, lenNum
    b       _end

_isDigit:
    // set text + len for syscall
    ldr     x1, =digit
    mov     x2, lenDig
    b       _end

_errorNan:
    // set text + len for syscall
    ldr     x1, =errNan
    mov     x2, lenNan

_end:
    // complete write syscall
    mov     x8, #64
    mov     x0, #1
    svc         #0

    // exit syscall
    mov     x8, #93
    mov     x0, #0
    svc     #0

// fake-syscall for debugging
fake_syscall:
    ldr     x0, =input
    mov     w1, #0x3231
    movk    w1, #0x0a34, lsl #16
    str     w1, [x0]
    mov     x0, #4
    ret
```

Wie Sie sehen, werden Assembler-Programme schnell länger. Ich habe für Sie das Programm etwas ausführlicher kommentiert, als ich es normalerweise machen würde, damit Sie dem Code noch besser nachvollziehen können.

Die `.data` Sektion bedarf kaum noch einer Erklärung, außer das wir hier mit `lenInp` = 20 eine benannte Konstante namens `lenInp` anlegen der wir die Dezimalzahl 20 zuweisen.

Neu ist hier die `.bss` Sektion, in der Speicherplatz reserviert wird, den wir später füllen. Das kann man mit dem Anlegen einer leeren Variable vergleichen. Genauer gesagt wird mit `.lcomm input`, `lenInp` 20 Bytes an Speicher bereitgestellt den wir im Quellcode mit `input` ansprechen können.

Zu Beginn von `_start` haben wir wieder unseren `write`-Systemcall der den Text von Label `prompt` ausgibt. Neu ist hier der `read`-Systemcall. Dieser hat die ID 63 (x8), bekommt den File-Discriptor 0 (`stdin`) in x0, den Zeiger auf den Speicherplatz (`input`) in x1 und die Länge (`lenInp`) in x2.

Danach folgt eine auskommentierte Zeile Code, mit der wir bestimmte Debugger austricksen, indem wir einen `read`-Systemcall simulieren, wenn wir die Funktion `fake_syscall` aufrufen und darin den Speicher belegen und das x0 Register auf die Länge des Strings setzen. Das ist nötig, da nicht jeder Debugger eingaben erlaubt und oftmals will man beim Testen auch nicht Dutzende Male Eingaben von Hand wiederholen.

Wie Sie sehen, ist ein Funktionsaufruf einfach ein `bl` (branch and link) zu einem bestimmten Label, bei dem x30 auf die Rücksprungadresse gesetzt wird. Das Problem bei der hier gezeigten Methode mit `bl` ist, dass wir x30 überschreiben, sobald wir aus einer Funktion eine weitere Funktion aufgerufen. Damit kann also nur immer eine Ebene zurückgesprungen werden. Eine Lösung, um Funktionen aus Funktionen aufzurufen, zeige ich Ihnen im nächsten Beispiel!

Mit der Funktion `fake_syscall` kann ich Ihnen am Ende des Kapitels aber gleich noch eine wichtige Eigenschaft von ARM CPUs demonstrieren! Aber dazu später mehr…

Bevor wir in die Schleife `_convert_loop` eintreten, sichern wir den aktuellen Wert von x0 mit `stp x0, xzr, [sp, #-16]!` (store pair) auf den Stack zwischen. Hierbei muss man darauf achten, dass der Stack bei AARCH64 in 16 Byte Blöcken organisiert ist. Wir müssen also immer zwei 64bit Register ablegen auch wenn wir nur ein Register sichern wollen.

Den Stack können Sie sich wie eine Ablage auf ihrem Schreibtisch vorstellen - wenn Sie ein Blatt Papier mit Notizen gerade nicht brauchen können Sie es oben auf die Ablage legen und dann später wieder von dort herunternehmen.

In x0 befindet sich übrigens die Länge des Strings vom vorangegangenen `read`-Syscall oder der Funktion `fake_syscall`. Diese benötigen wir später wieder. Natürlich könnte man auch ein weiteres Register verwenden, aber irgendwann sind alle Register erschöpft und es besteht immer die Gefahr, einen solchen Wert in einem Register aus Versehen zu überschreiben. Genau darum ist der Stack die bessere Wahl.

`stp` speichert also die Register x0 und `xzr` (zero register) auf der Adresse des Stack-Pointers (sp) - 16 Byte ([`sp`, `#-16`]) wobei das ! (pre-indexed) angibt, dass die Adresse von sp verändert wird bevor wir auf den eigentlichen Speicher zugreifen.

Dann setzen wir die Register x3, x1 und x4 auf 0 sowie das Register x2 auf 10 als Basiswert für die nachfolgenden Berechnungen und in x0 laden wir die Adresse von `input`.

Da wir Verzweigungen und Schleifen nur mit Hilfe der Branch-Befehle realisieren können, kommt hier wieder ein Label zum Einsatz, welches wir `_convert_loop` nennen, um den Sinn des Labels zu beschreiben und darauf hinzuweisen, das es eine Schleife ist.

Mit `mul x4, x4, x2` multiplizieren wir das Ergebnis des letzten Durchlaufes in x4 mit dem Basis-Wert (10) in x2. Das ist beim ersten Durchlauf aber noch 0. Dann laben wir mit `ldrb w1, [x0], #1` (load register with unsigned byte) ein Byte (#1) aus der Adresse von x0 (input) in das w1-Register (untere 32bit von x1). Wenn Sie in der Dokumentation nachsehen wollen, dann sehen Sie sich den `ldr` Befehl an. Das b ist ein Zusatz für vorzeichenlose Byte-Werte. Wann immer Sie einen Befehl in der Dokumentation nicht finden können, sehen Sie sich an, ob es einen Befehl gibt, bei dem der oder die letzten Buchstaben fehlen so wie hier zB `ldr`.

Das #1 am Ende des Befehls stellt die Post-Index Methode dar und sorgt dafür, dass x0 um eins erhöht wird, nachdem das Byte gelesen wurde. Wir zählen also in der Schleife x0 direkt nach dem Laden des Wertes hoch, um immer den nächsten Buchstaben zu adressieren.

Um die nachfolgenden Vergleiche und Berechnungen zu verstehen, sollten wir uns erst mal einen Auszug aus der ASCII-Tabelle ansehen:

Dez.	Hex.	Char	Dez.	Hex.	Char	Dez.	Hex.	Char	Dez.	Hex.	Char
48	0x30	0	49	0x31	1	50	0x32	2	51	0x33	3
52	0x34	4	53	0x35	5	54	0x36	6	55	0x37	7
56	0x38	8	57	0x39	9	58	0x3a	:	59	0x3b	;

Sie sehen hier, dass die Ziffer 0 in der ASCII-Tabelle den Wert 48 bzw. 0x30 in hexadezimal hat.

Wenn also das Bitmuster eines der Bytes der Usereingabe, welches wir als Ganzzahl interpretieren, kleiner als 48 (`cmp x1, #48` und `b.lo _errNan`) oder größer also 57 (`cmp x1, x57` und `b.hi _errNan`) ist, dann kann es sich bei der Eingabe um keine Ganzzahl handeln also springen wir zu `_errNan` und geben eine Fehlermeldung aus.

Der Rest der Schleife beschäftigt sich mit der Umwandlung von der Textdarstellung der Zahl in den Zahlenwert. Wenn wir nun von dem Byte-Wert 48 abziehen, erhalten wir den Zahlenwert (`sub x1, x1, #48`). Vergleichen Sie das mit der Tabelle - zB 50 - 48 = 2 - so wird aus dem Text "2" die Zahl 2!

Das Zusammenführen der Zahl erledigt dann das `add x4, x4, x1`. Um den Vorgang noch besser zu verstehen, illustriere ich den Vorgang ein wenig genauer - wobei wir hier die Darstellung hier von unten nach oben lesen müssen:

```
1 2 3           mul x4, x4, x2       sub x1, x1, 48        add x4, x4, x1
| | |
| | |_____> 12 x 10 = 120         51 - 48 = 3          3 + 120 = 123
| |_____>  1 x 10 =  10         50 - 48 = 2          2 +  10 =  12
|_____>  0 x 10 =   0         49 - 48 = 1          1 +   0 =   1
```

Nachdem wir x4 und x1 zusammengezählt haben, verringern wir x3 um eins (`sub x3, x3, #1`), um dann zu vergleichen, ob nur noch ein Byte (das \n Zeichen) übrig ist (`cmp x3, #1`). Falls nicht (`b.ne`) singen wir zu `_convert_loop` zurück und machen mit dem nächsten Zeichen weiter.

Wäre das erste Zeichen das Newline-Zeichen weil der User gar keine Eingabe getätigt und nur Enter gedrückt hat, dann würde das `cmp x1, #48` und `b.lo _errNan` dafür sorgen das ein Fehler ausgegeben wird.

Es steckt also schon eine Menge Arbeit in einer so "einfachen" Aufgabe wie dem Umwandeln von Text "123" in die Zahl 123.

Dann folgt der nächste `write`-Syscall, in dem wir die Zahl ausgeben. Dafür holen wir uns die Länge der User-Eingabe mit `ldp x2, xzr, [sp], #16` wieder vom Stack und legen sie in x2, passend für den folgenden Systemcall ab. Der Stack ist ein LIFO-Speicher (Last in first out) und daher müssen wir die Werte in der umgekehrten Reihenfolge laden, in der wie Sie abgelegt haben. Aber `stp` und `ldp` arbeitet mit Paaren und diese Paare muss man nicht umdrehen, sondern nur die Reihenfolge der Paare. Stellen wir uns vor, wir legen die Registerpaare x1, x2 und x3, x4 auf den Stack, dann müssen wir diese in der Reihenfolge x3, x4 und x1, x2 wieder laden.

Da wir das \n Zeichen am Ende der Eingabe nicht brauchen, verringern wir die Länge des Strings um ein Zeichen mit `sub x2, x2, #1`.

Mit `cmp x4, #10` zu vergleichen wir den zuvor errechneten Zahlenwert mit 10, um zu bestimmen, ob es dieser Ziffer oder eine Zahl ist. `b.lo _isDigit` springt dann zum entsprechenden Label, wenn die Eingabe einer Ziffer (kleiner als 10) entspricht. Andernfalls wird der Code von `_isNumber` ausgeführt, da diese Anweisungen die nächsten sind.

In beiden Fällen springen wir dann mit `b _end` über `_errNan` drüber aber das kennen wir bereits aus dem letzten Beispiel.

In _end vollenden wir den zuvor begonnenen write-Systemcall und beenden das Programm.

Wenn Sie das ganze Programm debuggen wollen, dann deaktivieren Sie bitte den svc-Befehl beim read-Systemcall und aktivieren Sie bl _fakeSyscall.

Der bl-Befehl ist eine besondere Art von Sprung, bei der sich das Programm merkt, wo es vor dem Sprung war. Der ret-Befehl (return) springt aus der Funktion zurück an die Stelle direkt nach dem Funktionsaufruf, die von bl in x30 abgelegt wird.

Innerhalb der Funktion laden wir die Startadresse des Speicherplatzes input in das x0-Register.

LITTLE ENDIAN UND BIG ENDIAN

Interessant sind die Zeilen mov w1, #0x3231 und movk w1, #0x0a34, lsl #16 (move with keep).

Hierbei wird der Wert 0x0a343231 in das w1-Register geschrieben. Da mov nur 16bit Werte erlaubt, müssen wir diesen 32bit Wert auf zwei Befehle aufteilen. Zuerst wird 0x3231 am unteren Ende eingefügt und dann wird mit movk der vordere Teil um 16bit nach links verschoben (lsl #16) vorne angefügt.

Dann wird mit str w1, [x0] (store) der Wert der sich in w1 befindet, in die Speicheradresse geschrieben, die in x0 steht. x0 steht also für das Register selbst und [x0] ließt den Wert des Registers, nutzt diesen als Adresse und greift auf den die Daten zu, die an dieser Adresse im Speicher liegen.

Wenn wir nun die hexadezimalen Werte nach je einem Byte trennen, erhalten wir: 0A 34 32 31

Vergleicht man das mit der ASCII-Tabelle erhält man: NEWLINE 4 2 1 - also genau die umgekehrte Reihenfolge der Bytes. Diese Byte-Reihenfolge nennt sich Little Endian. Das Gegenteil davon nennt sich Big Endian und wäre die Reihenfolge an Bytes, wie wir es erwarten würden - 1 2 3 NEWLINE bzw. 0x3132330A aber da ARM Prozessoren im Little Endian System arbeiten, müssen wir beim Zuweisen mehrerer Bytes unbedingt darauf achten!

Ganz wichtig ist hierbei auch, dass es sich um die **Byte**-Reihenfolge handelt und **nicht** die **Bit**-Reihenfolge! Wenn Sie die Bit-Reihenfolge umdrehen, erhalten Sie nur Datenmüll.

Das mov x0, #4 setzt dann wie der Syscall die String-Länge als Rückgabewert und ret stellt den Programm-Counter (pc) auf den Wert von x30.

Als Nächstes wollen wir uns das 32bit Programm ansehen:

32BIT VERSION

```
.section .data
    digit:  .ascii  " is a digit\n"
    lenDig  = . - digit

    number: .ascii  " is a number\n"
    lenNum  = . - number

    errNan: .ascii  "Just positive integers are allowed!\n"
    lenNan  = . - errNan

    prompt: .ascii  "Enter a number: "
    lenPro  = . - prompt

    lenInp  = 20

.section .bss
    // reserve space for user input
    .lcomm   input, lenInp

.section .text
    .global  _start

    _start:
        // output prompt
        mov     r7, #4
        mov     r0, #1
        ldr     r1, =prompt
        mov     r2, #lenPro
        swi     #0

        // get user input
        mov     r7, #3
        mov     r0, #0
        ldr     r1, =input
        mov     r2, #lenInp
        swi     #0

        //bl       fake_syscall
```

```
// count input length and calc. value of string
str      r0, [sp, #-4]!              // Store r0 on stack
mov      r3, r0
ldr      r0, =input
mov      r1, #0
mov      r2, #10                     // Base 10 for conversation
mov      r4, #0


_convert_loop:
    mul      r5, r4, r2              // multiply SUM (r4) with 10 (r2)
    ldrb     r1, [r0], #1            // load next byte into r1

    cmp      r1, #48
    blo      _errorNan               // jump if below
    cmp      r1, #57
    bhi      _errorNan               // jump if above

    sub      r1, r1, #48             // subtract 48 to convert ascii
                                     // to integer
    add      r4, r5, r1              // r5 + r1   =>  0 * 10 + 1 = 1
                                     //               1 * 10 + 2 = 12
                                     //              12 * 10 + 3 = 123

    sub      r3, r3, #1              // increment counter for output
    cmp      r3, #1                  // check if only \n is left
    bgt      _convert_loop           // continue converting if not

// output number
mov      r7, #4
mov      r0, #1
ldr      r1, =input
ldr      r2, [sp], #4                // counter value from before
sub      r2, r2, #1                  // cut \n form the tert away
swi      #0

// compare
cmp      r4, #10
blo      _isDigit                    // jump if below

_isNumber:
    // set text + len for syscall
    ldr      r1, =number
```

```
        mov     r2, #lenNum
        b       _end


_isDigit:
        // set text + len for syscall
        ldr     r1, =digit
        mov     r2, #lenDig
        b       _end


_errorNan:
        // set text + len for syscall
        ldr     r1, =errNan
        mov     r2, #lenNan


_end:
        // complete write syscall
        mov     r7, #4
        mov     r0, #1
        swi     #0

        // exit syscall
        mov     r7, #1
        mov     r0, #0
        swi     #0



fake_syscall:
        ldr     r0, =input
        mov     r1, #0x31
        str     r1, [r0], #1
        mov     r1, #0x32
        str     r1, [r0], #1
        mov     r1, #0x34
        str     r1, [r0], #1
        mov     r1, #0x0a
        str     r1, [r0], #1
        mov     r0, #4
        mov     pc, lr
```

Das Programm muss ich nicht nochmals erläutern, also sehen wir uns die Unterschiede an:

Wie üblich sind Register-Namen (r statt w und x) und die Syscall-Nummern anzupassen. Natürlich muss die Syscall-ID nun auch in r7 stehen anstatt x8. Die Argumente und Reihenfolge der Argumente ist natürlich unverändert. Außerdem ändert sich die Schreibweise der Branch-Kommandos zB von b.lo zu blo.

Aprops Branch-Befehle - es gibt den Befehl bne nicht. Daher müssten wir den Code so verändern, dass wir beq (branch if equal) verwenden können oder wir nutzen bgt (branch if grater).

Außerdem müssen wir die mov-Befehle mit den benannten Konstanten anpassen und ein # vor den Konstantennamen setzen - zB: mov r2, #lenPro

Der Stack muss auch nicht aus 16 Byte Blöcken bestehen und die Befehle stp und ldp gibt es gar nicht - also wurden diese durch folgende Befehle ersetzt:

```
str      r0, [sp, #-4]!
...
ldr      r2, [sp], #4
```

Bei der Multiplikation erhielt ich folgenden Fehler: main_32.asm:49: Rd and Rm should be different in mul, also habe ich diese Zeile wie folgt angepasst:

```
mul      r5, r4, r2
```

Damit wird nun das Ergebnis von r4 * r2 in r5 abgelegt und wir mussten darum die Addition auch anpassen:

```
add      r4, r5, r1
```

Des Weiteren gibt es keinen ret-Befehl um von der Funktion zum Hauptprogramm zurückzuspringen. Daher müssen wir den Programm-Counter (pc) am Ende von fake_syscall direkt verändern:

```
mov      pc, lr
```

Der auffälligste Unterschied sollte die Funktion fake_syscall sein, denn diese wurde quasi ganz umgeschrieben. Das liegt daran, dass ich den Code an einem Rasberry Pi Zero W getestet habe und dieser auf der ARMv6 Architektur basiert. Daher konnte mov r1, #0x3231 nicht übersetzt werden und movk mit lsl steht ebenfalls nicht zur Verfügung.

Meine Lösung war es also, Byte für Byte in r1 zu packen und diese Bytes dann mit str r1, [r0], #1 einzeln in den Speicher abzulegen. Wenn Sie sich fragen, warum ich nicht str 0x31, [r0], #1 geschrieben habe - das ist kein gültiger Befehl und kann so nicht übersetzt werden.

Wir müssen hier zwangsweise die Daten zuerst in ein Register packen. Außerdem müssen wir die Bytes in der richtigen Reihenfolge im Speicher ablegen und nicht von hinten nach vorne wie in es einem Register abgelegt wird (Little endian).

Ein `mov r1, #0x3231` sollte ab ARMv7 möglich sein. Davor hatten wir keine 16bit für einen Immediate Wert zur Verfügung. Das liegt daran, dass Immediates direkt in der Maschinencode-Anweisung inkludiert sind

Sehen wir uns die folgenden drei Befehle an:

```
mov     r2, #1
mov     r2, #2
mov     r2, #10
```

Übersetzt zu Maschinencode ergibt dies:

```
0x0120A0E3
0x0220A0E3
0x0A20A0E3
```

Wir sehen also, dass `20A0E3` für `mov r2` steht und der Wert 1, 2, bzw. 10 direkt davor als 01, 02 bzw. 0A steht. Sie können dies zB auf folgenden Seiten selbst ausprobieren:

```
https://armconverter.com/
https://azm.azerialabs.com/
```

Ab ARMv7 hätten wir das Speichern der Daten in `fake_syscall` wie folgt lösen können:

```
mov     r1, #0x0a34
mov     r2, #0x3231
lsl     r1, #16
orr     r1, r2, r1
str     r1, [r0]
```

Zuerst packen wir 0x0a34 in r1 und 0x3231 in r2, dann schieben wir den Inhalt von r1 um 16 Bits nach links, um 0x0a340000 in r1 zu erhalten und fügen r1 und r2 (0x00003231) mit `orr` (logical or) zusammen, um wieder 0x0a343231 in r1 zu erhalten. Das können wir dann mit `str` auf der Adresse in r0 ablegen.

FUNKTIONSPARAMETER, RÜCKGABEWERTE UND DER STACK

Funktionen benötigen in den meisten Fällen irgendwelche Eingabedaten, die von Ihnen verarbeitet werden. In anderen Programmiersprachen kann man Funktionen beim Aufruf Parameter übergeben. In Assembler ist es eher wie mit globalen Variablen - man legt die Daten in diejenigen Register, die die Funktion später benutzt, ganz genau wie bei einem Systemcall.

Das Problem dabei ist, dass man oftmals den aktuellen Stand sichern möchte, bevor eine Funktion aufgerufen wird. Genau das gleiche Problem haben wir, wenn wir Funktionsaufrufe verschachteln, denn jedes Mal wenn bl ausgeführt wird, wird das Register x30 überschrieben und wir müssen daher den aktuellen Stand auf den Stack sichern.

Alternativ dazu kann man Funktionen auch die Parameter auf den Stack legen. Dies muss dann in umgekehrter Reihenfolge passieren, da der letzte Wert, der auf den Stack gelegt wird, als erster wieder herunter genommen wird. Außerdem ist bei AARCH64 darauf zu achten, dass man dies in 16 Byte Blöcken macht. Aber sehen wir und das anhand eines Beispiels näher an:

```
.section .text
    .global _start
    _start:
        mov     x0, #5
        bl      sum_all_till

        mov     x8, #93
        mov     x0, #0
        svc     #0

    sum_all_till:
        stp     x0, x30, [sp, #-16]!    // Store argument + return address
        sub     x0, x0, #1              // Decrement x0
        cmp     x0, #0
        b.eq    _continue
        bl      sum_all_till

    _continue:
        ldp     x1, x30, [sp], #16      // Get argument + return addr. back
        add     x0, x0, x1              // Sum all values up
        ret                            // return to prev. call or main program
```

Wenn wir das Programm im Debugger laufen lassen, sehen wir schön wie x0 auf 5 gesetzt und dann Schrittweise bis auf 0 heruntergezählt wird. Hierbei baut sich der Stack wie folgt auf:

```
>>> x/80bx $sp
0x7ffffff360: 0x01    0x00    0x00    0x00    0x00    0x00    0x00    0x00
0x7ffffff368: 0xa0    0x00    0x40    0x00    0x00    0x00    0x00    0x00
0x7ffffff370: 0x02    0x00    0x00    0x00    0x00    0x00    0x00    0x00
0x7ffffff378: 0xa0    0x00    0x40    0x00    0x00    0x00    0x00    0x00
0x7ffffff380: 0x03    0x00    0x00    0x00    0x00    0x00    0x00    0x00
0x7ffffff388: 0xa0    0x00    0x40    0x00    0x00    0x00    0x00    0x00
0x7ffffff390: 0x04    0x00    0x00    0x00    0x00    0x00    0x00    0x00
0x7ffffff398: 0xa0    0x00    0x40    0x00    0x00    0x00    0x00    0x00
0x7ffffff3a0: 0x05    0x00    0x00    0x00    0x00    0x00    0x00    0x00
0x7ffffff3a8: 0x80    0x00    0x40    0x00    0x00    0x00    0x00    0x00
```

Der Befehl x/80bx $sp bedeutet unter GDB, dass 80 Byte im hexadezimalen Format ab der Adresse vom Register sp (Stack Pointer) ausgegeben werden.

Hier sehen wir schön, wie die Werte 0x01 - 0x05 auf den Adressen mit den Endnummern 360, 370, 380, 390 und 3a0 abgelegt sind. Dies entspricht unseren Parametern für die Funktionsaufrufe und auf den anderen Zeilen haben wir 4 Mal die Rücksprungadresse 0x4000a0 (_continue) und einmal die Adresse 0x400080 (mov x8, #93), mit der wir wieder in das Hauptprogramm kommen.

Jedes ldp x1, x30, [sp], #16 nimmt dann die obersten zwei Zeilen vom Stack und setzt x30 und x1 entsprechend für die Berechnung bzw. den ret-Befehl. Damit nehmen wir die Zahlen 1 - 4 vom Stack und springen vier Mal zu _continue zurück, bevor wir am Ende die Zahl 5 vom Stack nehmen und die Rücksprungadresse zum Hauptprogramm in x30 ablegen.

Danach haben wir im Register x0 den Wert 0xf (15) stehen und dies entspricht der Summe aller Zahlen zwischen 1 und 5.

Sehen wir uns also an, wie dieser Code auf der 32bit ARM CPU aussieht:

```
.section .text
    .global _start
    _start:
        mov     r0, #5
        bl      sum_all_till

        mov     r7, #1
        mov     r0, #0
        svc     #0
```

```
sum_all_till:
    str    r14, [sp, #-4]!          // Store return address
    str    r0, [sp, #-4]!           // Store argument
    sub    r0, r0, #1               // Decrement r0
    cmp    r0, #0
    beq    _continue
    bl     sum_all_till

_continue:
    ldr    r1, [sp], #4             // Get argument from stack
    ldr    r14, [sp], #4            // Get return address
    add    r0, r0, r1               // Sum all values up
    mov    pc, lr                   // return to prev. call
```

Abgesehen von den üblichen Änderungen wie Syscall-Nummern, Registerbezeichnungen und der veränderten Registernummer für die Syscall-ID (7 statt 8) ändert sich nur das Handling des Stacks.

Wir legen hier die Werte mit

```
    str    r14, [sp, #-4]!
    str    r0, [sp, #-4]!
```

auf den Stack und ziehen diese in umgekehrter Reihenfolge mit

```
    ldr    r1, [sp], #4
    ldr    r14, [sp], #4
```

wieder in die Register zurück. Versuchen Sie als kleine Übung das Programm so anzupassen, dass die Summe in einen String für die Ausgabe mit einem write-Syscall umgewandelt wird.

MUSTERLÖSUNG - ZAHL ZU STRING (64BIT)

Das Umwandeln in die 32bit Version überlasse ich an dieser Stelle dem Leser selber.

```
.section .bss
    .lcomm   text, 10

.section .text
    .global _start
    _start:
        mov    x0, #5
        bl     sum_all_till

        mov    x5, #10
        ldr    x1, =text

        // Place newline char on Stack and set len counter to 1
        stp    x5, xzr, [sp, #-16]!
        mov    x2, #1

        _div_loop:
            udiv   x4, x0, x5            // Unsigned integer division
            msub   x3, x4, x5, x0       // Calculate rest
            mov    x0, x4               // Set x0 = x4 for next iteration
            add    x3, x3, #0x30        // Add 48 (convert to character)
            stp    x3, x5, [sp, #-16]!  // Store in text and increment ptr
            add    x2, x2, #1           // Count length
            cmp    x4, #0               // Check if there are numbers left
            b.gt   _div_loop            // Next iteration

        _reverse_loop:
            ldp    x3, x5, [sp], #16     // Get character from stack
            str    x3, [x1], #1          // Store character into string
            cmp    x3, #10               // Check if char == newline
            b.gt   _reverse_loop         // Next iteration if cmp don't match

        // Write syscall
        mov    x8, #64
        mov    x0, #1
        sub    x1, x1, x2               // Set pointer back to start
        svc    #0
```

```
    // Exit syscall
    mov     x8, #93
    mov     x0, #0
    svc     #0


sum_all_till:
    stp     x0, x30, [sp, #-16]!     // Store argument + return address
    sub     x0, x0, #1              // Decrement x0
    cmp     x0, #0
    b.eq    _continue
    bl      sum_all_till


_continue:
    ldp     x1, x30, [sp], #16      // Get argument + return addr. back
    add     x0, x0, x1              // Sum all values up
    ret                            // return to prev. call or main program
```

Hier nutze ich wieder die .bss Sektion, um 10 Bytes an Speicher an der Adresse des Labels text zu reservieren.

Danach Legen wir wieder die 5 in x0 ab und rufen die Funktion sum_all_till auf.

Außerdem beginnen bei mir normale Label mit einem _, Label die eine Funktion einleiten, haben keinen führenden Unterstrich. Auch das ist keine Vorschrift, sondern nur mein Versuch eine Unterscheidung zwischen den Labels zu schaffen.

Nachdem das Hauptprogramm nach den Funktionsaufrufen fortgesetzt wird, legen wir 10 in x5 ab und laden die Adresse von text in x1.

Danach legen wir den numerischen Wert 10, der dem Newline-Zeichen entspricht, und für die nachfolgenden Berechnungen schon in x5 liegt, auf den Stack. Als zweiten Dummy-Wert um die 16 Bytes Blöcke einzuhalten, nutze ich diesmal xzr. Außerdem initialisieren wir den Stringlängen-Zähler (x2) mit 1 da das Newline-Zeichen schon am Stack liegt.

In der _div_loop dividieren wir x0 durch x5 und speichern das Ergebnis in x4. Dann errechnen wir den Rest mit msub und speichern diesen in x3 und setzen dann den Wert von x4 in x0 für den nächsten Schleifendurchlauf. Danach wird auf x3 die Zahl 48 bzw. 0x30 addiert, um aus einer Ziffer den entsprechenden Text zu machen (siehe ASCII-Tabelle).

Dann legen wir x3 und x5 (als unnützen Füllwert) auf den Stack und erhöhen mit add x2, x2, #1 den Zähler für die String-Länge. Ich habe hier bewusst x2 gewählt, da wir diesen Wert später für den

70

`write`-Syscall ohnehin in x2 brauchen. Dann prüfe ich mit `cmp` ob x4 der Ziffer 0 entsprich - falls nicht, springen wir mit `b.gt _div_loop` zum Schleifenanfang.

Ich illustriere Ihnen den Vorgang in der Schleife nochmals:

```
15 / 10 =      1 (x4)      5 Rest (x3) + 48     =>     "5"
 1 / 10 =      0 (x4)      1 Rest (x3) + 48     =>     "1"
```

Der Grund warum ich es auf den Stack lege ist der, dass wir bei diesem vorgehen die Zahlen in umgekehrter Reihenfolge bekommen und daher ist der Stack perfekt diese dann wieder umzudrehen.

Nach dem ersten Schleifendurchlauf liegt also das Zeichen "5" ganz oben am Stack und nach dem zweiten Durchlauf liegt das Zeichen "1" ganz oben und an der zweiten Stelle der String "5". Also brauchen wir nur Zeichen für Zeichen vom Stack nehmen und bis wir das Newline-Zeichen erhalten, das wir zuerst auf den Stack gelegt haben. Genau das macht die `_reverse_loop`!

Ein Zeichen nehmen (`ldp x3, x5, [sp], #16`), das Zeichen an die entsprechende Stelle im Speicherplatz legen und den Pointer um 1 erhöhen (`str x3, [x1], #1`), vergleichen ob das aktuelle Zeichen das Newline-Zeichen ist (`cmp x3, #10`) und falls nicht, die Schleife wiederholen (`b.gt _reverse_loop`).

Der Rest des Programms sollte keiner Erklärung bedürfen.

MACROS UND CODE-BIBLIOTHEKEN

Die Syntax, wie Macros definiert werden, hängt vom jeweiligen Assembler ab. Was ich Ihnen hier zeige, ist spezifisch für den GAS (GNU Assembler) und funktioniert in anderen Assemblern anders! Theoretisch ist es sogar möglich, dass ein sehr rudimentärer Assembler diese Funktion gar nicht bietet.

Es macht Sinn, sich für Macros Code-Bibliotheken anzulegen. Der Sinn von Macros liegt schließlich darin, oft verwendete Programmteile über eine Kurzschreibweise aufrufbar zu machen. Da man diese höchstwahrscheinlich in mehreren Projekten benötigen könnte, kann man Macros und auch Funktionen in eine eigene Datei schreiben. Ich habe die Datei für dieses Beispiel `my_lib.inc` genannt - sehen wir uns nun den Inhalt an:

```
.macro endprg, code
    mov     x8, #93
    mov     x0, \code
    svc     #0
.endm
```

Ein Macro wird zwischen `.macro` und `.endm` definiert. Nach `.macro` folgt der Name, unter dem das Macro später aufgerufen wird - hier wäre das `endprg`. Der Name wird von den Argumenten gefolgt. Hier haben wir ein Argument namens `code`. Ein Macro muss nicht unbedingt Argumente erwarten.

Wir können uns ein Makro wie eine Funktion vorstellen. Hier übergeben wir dem Macro `endprg` den Exit-Code (`code`) und das Macro macht für uns den entsprechenden Syscall.

Im Macro selber können wir beliebigen Assembler-Code schreiben. Auffällig ist in diesem Beispiel die Zeile `mov x0, \code`. Damit wird das erste Argument, das beim Aufruf übergeben wird, dem Register `x0` zugewiesen.

Sie sehen aber an diesem Beispiel auch wieder einige potenzielle Probleme. Das Macro arbeitet mit den gleichen Registern wie der restliche Code - so etwas wie lokale Funktionsvariablen sucht man in Assembler vergebens! Egal ob man Syscalls, Makros oder eigene Funktionen aufruft - alles arbeitet mit denselben Registern wie das Hauptprogramm, außer man arbeitet mit Speicheradressen, aber auch da ist der Entwickler dafür zuständig, diese entsprechend zu reservieren und aufzuteilen.

Es liegt also an uns, entsprechend zu kommunizieren, welche Register verwendet werden, damit jeder, der das Macro nutzt, eventuell später benötigte Daten auf den Stack sichern kann oder in ein anderes Register verschiebt, bevor er das Makro aufruft. Beim Programmende ist das kein Problem, aber bei dem nächsten Beispiel wird das durchaus schlagend!

Sehen wir uns nun das Hallo Welt - Beispiel an, wie es mit unserem neuen Macro aussieht:

```
.include "my_lib.inc"

.section .text
    .global _start

    _start:
        // Print syscall
        mov     x8, #64
        mov     x0, #1
        ldr     x1, =msg
        mov     x2, #len
        svc     #0

        // Call macro
        endprg  #0

.section .data
    msg:
        .ascii      "Hello World! \n"

    len     = . - msg
```

Die Änderungen hab ich Fett hervorgehoben. Zuerst binden wir die Bibliotheksdatei mit `.include "my_lib.inc"` ein und dann können wir das Macro mit `endprg #0` aufrufen. Hierbei landet die 0 innerhalb des Macros in `code` und damit dann in `x0`.

Wenn ein Macro mehr als ein Argument erwartet, dann können die Argumente durch Komma (,) getrennt angegeben werden, wie es bei Assembler Befehlen üblich.

Definieren wir ein weiteres Macro in unserer `my_lib.inc`:

```
.macro sleep, cycles
    mov x0, \cycles
    _wait_loop:
        nop
        subs    x0, x0, #1
        b.gt    _wait_loop
.endm
```

73

Das Macro `sleep` erwartet wiederum 1 Argument, welches in x0 gelegt wird. Dann folgt das Label `_wait_loop` und der Schleifenkörper mit nop, subs x0, x0, #1 und dem b.gt-Befehl. Wir tun also nichts (nop), verringern x0 und falls x0 noch nicht bei 0 angekommen ist, wiederholen wir den Code nochmals. Im Grunde wäre die nop-Anweisung gar nicht nötig da subs ebenfalls einen CPU-Zyklus belegt aber so "vertrödeln" wir dann quasi zwei CPU-Zyklen im Schleifenkörper.

Hier ist die Gefahr, die ich vorhin erwähnte, deutlich sichtbarer - wenn wir in x0 Daten haben, die wir nach dem Aufruf von `sleep` noch brauchen müssen wir die unbedingt woanders hin sichern, sonst würde nach `sleep` unser Programm mit dem Wert 0 in x0 weiterarbeiten und höchstwahrscheinlich nicht das gewünschte Ergebnis liefern oder sogar abstürzen!

Dann nutzen wir dieses Macro wieder in unserem "Hello World" - Beispiel:

```
.include "my_lib.inc"

.section .text
    .global _start

    _start:
        sleep   #100

        // Print syscall
        mov     x8, #64
        mov     x0, #1
        ldr     x1, =msg
        mov     x2, #len
        svc     #0

        // End programm
        sleep   #200
        endprg #NUL

.section .data
    msg:
        .ascii      "Hello World! \n"

    len     = . - msg
```

Hier habe ich `sleep` gleich zweimal im Code eingebaut, um Ihnen ein weiteres Problem zu zeigen. Beim übersetzen wird der Code des Macros quasi einfach an die Stelle kopiert, an der wir ihn aufrufen. Das führt nun dazu, dass wir im Code zweimal das Label `_wait_loop` haben.

Da dies aber nicht erlaubt ist, quittiert GAS das mit folgendem Fehler: `main_64.asm:16: Error: symbol '_wait_loop' is already defined`. Natürlich müssen Labels eindeutig sein denn sonst wüsste der Assembler ja nicht, welches Label nun mit einem Branch-Befehl angesprungen werden soll.

Selbstverständlich haben dies die Entwickler von GAS bedacht und eine Lösung für derartige Probleme bereitgestellt. Dazu müssen wir das Macro wie folgt anpassen:

```
.macro sleep, cycles
    mov x0, \cycles
    1:
        nop
        subs    x0, x0, #1
        b.gt    1b
.endm
```

Die Angabe von `N:` als Label, wobei N hier für eine beliebige Ziffer steht, erlaubt es nun, das gleiche Label mehrmals zu verwenden. Man spricht hier auch von "lokalen Labels". Eine weitere Besonderheit ist auch die Angabe des Labels bei `b.gt`. Hier bedeutet das `1b`, das zum nähesten Label mit der Nummer 1 vor der aktuellen Anweisung gesprungen wird (backward). Alternativ dazu könnte man auch `1f` verwenden, wobei das `f` dann für forward steht und zum nähesten Label 1 nach der aktuellen Anweisung springt.

Sie können in Bibliotheken auch Konstanten definieren, um diese dann in Ihren Programmen zu verwenden und so das Programm noch besser verständlich zu machen - zB:

```
LF  = 0xA
NUL = 0x0
```

Diese könnte man dann in seinem Code verwenden, um noch aussagekräftigere Anweisungen zu schreiben:

```
endprg #NUL

mov     x5, #LF
stp     x5, xzr, [sp, #-16]!
```

Sie sehen sicher, worauf das hinausläuft...

Ich will ich Ihnen noch meine Macros `push_all` und `pop_all` zeigen, da man dies oft brauchen kann:

```
.macro push_all
    stp     x0, x1, [sp, #-16]!
    stp     x2, x3, [sp, #-16]!
    stp     x4, x5, [sp, #-16]!
    stp     x6, x7, [sp, #-16]!
.endm

.macro pop_all
    ldp     x6, x7, [sp], #16
    ldp     x4, x5, [sp], #16
    ldp     x2, x3, [sp], #16
    ldp     x0, x1, [sp], #16
.endm
```

Da ich primär mit den ersten 8 Registern arbeite, habe ich nur x0 - x7 in meiner push_all Variante berücksichtigt. Falls Sie diese Macros testen wollen hier wäre ein kleiner Test-Code:

```
.include "my_lib.inc"

.section .text
    .global _start

    _start:
        mov     x0, #0
        mov     x1, #1
        mov     x2, #2
        mov     x3, #3
        mov     x4, #4
        mov     x5, #5
        mov     x6, #6
        mov     x7, #7

        push_all

        // Print syscall
        mov     x8, #64
        mov     x0, #1
        ldr     x1, =msg
        mov     x2, #len
        svc     #0

        pop_all
```

```
        // End programm
        endprg #NUL

.section .data
    msg:
        .ascii        "Hello World! \n"

    len    = . - msg
```

Lassen wir das Programm in GDB ablaufen, erhalten wir folgendes Bild nach dem push_all:

```
>>> x/64bx $sp
0x7ffffff4a0: 0x06    0x00    0x00    0x00    0x00    0x00    0x00    0x00
0x7ffffff4a8: 0x07    0x00    0x00    0x00    0x00    0x00    0x00    0x00
0x7ffffff4b0: 0x04    0x00    0x00    0x00    0x00    0x00    0x00    0x00
0x7ffffff4b8: 0x05    0x00    0x00    0x00    0x00    0x00    0x00    0x00
0x7ffffff4c0: 0x02    0x00    0x00    0x00    0x00    0x00    0x00    0x00
0x7ffffff4c8: 0x03    0x00    0x00    0x00    0x00    0x00    0x00    0x00
0x7ffffff4d0: 0x00    0x00    0x00    0x00    0x00    0x00    0x00    0x00
0x7ffffff4d8: 0x01    0x00    0x00    0x00    0x00    0x00    0x00    0x00
```

Nach dem pop_all sind die Register wieder wie zuvor belegt:

```
    x0 0x0000000000000000    x1 0x0000000000000001    x2 0x0000000000000002
    x3 0x0000000000000003    x4 0x0000000000000004    x5 0x0000000000000005
    x6 0x0000000000000006    x7 0x0000000000000007    x8 0x0000000000000040
```

Sie sehen also, dass Macros uns einiges an Tipparbeit sparen können und dazu das Programm noch übersichtlicher und besser verständlich machen.

CLI-ARGUMENTE

Commandline Argumente sind Eingaben für das Programm, die der User direkt beim Aufruf übergibt. Das wäre zB der Pfad, den man `ls` übergeben kann oder die Quell- und Zieldatei für den `mv` oder `cp` Befehl in Linux.

Das ist zugleich die einfachste Form der User-Interaktion für uns Entwickler - wir brauchen keine Usereingaben abfragen oder dergleichen und wir erhalten dennoch Inputs. Für User haben CLI-Argumente (Command Line Interface) den Vorteil, dass man diese in Scripts verwenden kann und so zB die Arbeit mit dem Programm automatisieren könnte.

In Linux werden die angegebenen Argumente automatisch auf den Stack gelegt, wenn das Programm gestartet wird - alles, was wir dann noch machen müssen, ist die Argumente vom Stack zu lesen.

Als kleines Beispiel für dieses und das nächste Kapitel habe ich mir ein sehr einfaches Verschlüsselungstool überlegt:

```
.include "my_lib.inc"

.section .data
    usage:      .ascii "\nUSAGE:\nxorcrypt [password] [file-path]\n\n"
    lenUsage    = . - usage

    passErr:    .ascii "\nPassword-Error: Min. length is 8 characters!\n\n"
    lenErr      = . - passErr

.section .bss
    .lcomm      fileCont, 2048

.section .text
    .global     _start
    _start:
        ldp     x0, x1, [sp], #16       // argc + path pointer

        // check length of argc
        cmp     x0, 3
        b.eq    _read_args
        bl      _print_usage_and_exit

    _read_args:
        ldp     x2, x4, [sp], #16       // password + file-path
```

```
        mov     x0, x2                      // Store start of password ptr in x0

_read_pw:
    // read password into x5
    ldrb    w6, [x2], #1
    cmp     x6, #0                      // Check for NUL byte
    b.eq    _read_done                  // Jump to _read_done if equal
    lsl     x5, x5, #8                  // Shift for 1 char.
    orr     x5, x5, x6                  // Add new char
    b       _read_pw                    // Repeat with next char

_read_done:
    sub     x0, x2, x0                  // Calculate length
    cmp     x0, #9                      // Check if pw has min. 8 char.
    b.lo    _print_pw_err_and_exit

    // read file
    // eor data
    // write file

    endprg  #0


_print_usage_and_exit:
    mov     x8, #64
    mov     x0, #1
    ldr     x1, =usage
    mov     x2, lenUsage
    svc     #0

    endprg  #1


 _print_pw_err_and_exit:
    mov     x8, #64
    mov     x0, #1
    ldr     x1, =passErr
    mov     x2, lenErr
    svc     #0

    endprg  #2
```

Die `.data` und `.bss` Sektion brauche ich an dieser Stelle sicher nicht mehr zu erläutern...

```
x0 0x0000000000000003    x1 0x0000007ffffff72e    x2 0x0000007ffffff752
x3 0x0000007ffffff756    x4 0x0000000000000000    x5 0x0000000000000000
```

Den Speicherplatz unter den angegeben Adressen können Sie wie folgt anzeigen:

```
>>> x/4bx 0x0000007ffffff752
0x7ffffff752:0x62    0x6c    0x61    0x00
>>> x/5bx $x3
0x7ffffff756:0x62    0x6c    0x75    0x62    0x00
```

Im Hauptprogramm lesen wir zuerst die Anzahl der übergebenen Argumente (`argc`) in das Register x0. Dabei sollte ich erwähnen, dass immer mindestens ein Argument übergeben wird, und das ist der Pfad zum ausgeführten Programm selbst.

Dann prüfen wir mit `cmp x0, #3` ob wir 3 Argumente erhalten haben. Vergleichen Sie dazu den usage String der `"xorcrypt [password] [file-path]"` lautet und damit angibt, dass das Programm zwei Argumente erwartet (`pssword` und `file-path`). Da der Pfad zum Programm automatisch das erste Argument ist, müssen also 3 Argumente (Pfad zum Programm, Passwort und Pfad zur Datei) übergeben werden. Stimmt dieser Vergleich, dann springen wir mit `b.eq` zum Label `_read_args`, sonst springen wir mit `b` zum Label `_print_usage_and_exit` und geben in diesem Label die usage-Meldung aus. Beachten Sie bitte auch das `endprg 1`, mit dem wir definieren, dass das Programm mit Fehler Nr. 1 beendet wurde.

Bei einem Aufruf im Terminal wird dieser Exit-Code in $? gespeichert und kann dann dazu verwendet werden, um beispielsweise in Bash-Scripts auf Fehler zu reagieren. Außerdem werten die logischen Verknüpfungen von Shell-Befehlen (&& und ||) ebenfalls diesen Exit-Code aus.

Dann holen wir uns den Zeiger zum `password`-String in x2 und den Zeiger zu `file-path` in x3. Bei allen Argumenten handelt es sich genau wie bei `path` um Null-terminierte Strings. Das sind Zeichenketten, deren Ende durch ein NUL-Byte (0x0) definiert wird.

Um mit dem Bitmuster des Passwortes die Daten zu verschlüsseln, müssen wir dieses in ein Register packen. Dazu verwenden wir das Label `_read_pw`. Darin verwenden wir ein `ldrb` um ein Byte aus der Adresse von x2 nach w6 zu laden und dann den Pointer in x2 um 1 zu erhöhen. Dann können wir Vergleichen, ob das geladene Zeichen ein NUL-Byte ist oder nicht (`cmp x6, #0`) und falls das so ist, springen wir mit `b.eq _read_done` zum nächsten Label.

Falls nicht, schieben wir die Daten in x5 um 8bit nach links (`lsl x5, x5, #8`) um Platz für ein Zeichen zu machen, fügen das Zeichen mit `orr` hinzu und springen wieder zu `_read_pw` um mit dem nächsten Zeichen weiterzumachen.

Aufmerksamen Lesern wird aufgefallen sein, dass ich die vorderen Bytes verliere, wenn das Passwort länger als 8 Zeichen ist, denn mehr passt nicht in ein 64bit Register. Das stimmt, man könnte verschiedenste Register verwenden, um überschüssige Bytes aufzunehmen und später zusammen benutzen allerdings war mir dies für das Beispiel in diesem Buch zu viel Code. Sie haben bis dato genug gelernt, um dies als Übung selber zu realisieren, wenn Sie dies möchten.

Eine noch bessere Alternative zeige ich Ihnen im 32bit Beispiel!

EOR ist ohnehin nicht die allerbeste Methode, Daten zu verschlüsseln, aber wir wollen hier auch keine bahnbrechende neue High-End Verschlüsselung entwickeln, sondern den Umgang mit CLI-Argumenten und Dateien lernen.

Nachdem wir diese Schleife wieder verlassen haben, prüfen wir, ob wir den Pointer in x2 mindestens um 9 Byte erhöht haben (8 Zeichen für das Passwort + NUL Byte) und falls nicht, springen wir mit b.lo _print_pw_err_and_exit zur Ausgabe der entsprechenden Fehlermeldung nach der wir das Programm mit dem Error-Code 2 beenden.

Vor dem endprg 0 stehen noch drei Kommentare; die dazu dienen, mich daran zu erinnern, was noch fehlt. Außerdem werde ich im nächsten Kapitel, in den wir das Programm fertigstellen, nur noch diesen Code veröffentlichen, um nicht wieder mehrere Seiten mit Code zu füllen, den wir schon kennen.

In diesem Sinne dienen die Kommentare dann auch Ihnen als Orientierungshilfe.

ARBEITEN MIT DATEIEN

Auch hier greifen wir wieder auf Syscalls zurück. Daher will ich Ihnen an dieser Stelle kurz den open-Syscall aufschlüsseln und zeigen, wie und wo Sie die nötigen Informationen finden...

Wenn wir man 2 open im Terminal eingeben, erhalten wir folgende Manpage:

```
OPEN(2)                    Linux Programmer's Manual                    OPEN(2)


NAME
       open, openat, creat - open and possibly create a file

SYNOPSIS
       #include <sys/types.h>
       #include <sys/stat.h>
       #include <fcntl.h>

       int open(const char *pathname, int flags);
       int open(const char *pathname, int flags, mode_t mode);
```

Wir benötigen also drei Parameter: einen Zeiger auf den pathname-String, flags und mode.

Scrollen wir in der Manpage weiter runter, dann finden wir mode ausführlich erklärt:

```
S_IRWXU  00700 user (file owner) has read, write, and execute permission
S_IRUSR  00400 user has read permission
S_IWUSR  00200 user has write permission
S_IXUSR  00100 user has execute permission
... etc.
```

Der Parameter mode ist also nichts als die numerische Schreibweise der Linux-Dateirechte wie zB:

0644 für -rw-r--r-- oder
0750 für -rwxr-x--- usw.

Was wir allerdings nicht finden, ist eine Erklärung zu den Werten für flags. Sehen wir uns die Manpage genauer an, dann sehen wir ganz oben unter SYNOPSIS drei include Anweisungen. Logischerweise müssten die verwendeten Konstanten irgendwo in einer dieser drei Dateien definiert worden sein.

Ich erspare Ihnen das Suchen in allen Dateien und zeige Ihnen schnell, wo ich sie gefunden habe. Der Aufruf von `locate fcntl.h` im Linux-Terminal liefert folgende Liste:

```
/usr/src/linux-headers-5.4.83-Re4son-v8+/arch/arm/include/uapi/asm/fcntl.h
/usr/src/linux-headers-5.4.83-Re4son-v8+/arch/arm64/include/uapi/asm/fcntl.h
/usr/src/linux-headers-5.4.83-Re4son-v8+/include/linux/fcntl.h
/usr/src/linux-headers-5.4.83-Re4son-v8+/include/uapi/asm-generic/fcntl.h
/usr/src/linux-headers-5.4.83-Re4son-v8+/include/uapi/linux/fcntl.h
/usr/src/linux-headers-5.4.83-Re4son-v8+/tools/include/uapi/asm-generic/
fcntl.h
/usr/src/linux-headers-5.4.83-Re4son-v8+/tools/include/uapi/linux/fcntl.h
/usr/src/linux-headers-5.4.83-Re4son-v8l+/arch/arm/include/uapi/asm/fcntl.h
/usr/src/linux-headers-5.4.83-Re4son-v8l+/arch/arm64/include/uapi/asm/fcntl.h
/usr/src/linux-headers-5.4.83-Re4son-v8l+/include/linux/fcntl.h
/usr/src/linux-headers-5.4.83-Re4son-v8l+/include/uapi/asm-generic/fcntl.h
/usr/src/linux-headers-5.4.83-Re4son-v8l+/include/uapi/linux/fcntl.h
/usr/src/linux-headers-5.4.83-Re4son-v8l+/tools/include/uapi/asm-generic/
fcntl.h
/usr/src/linux-headers-5.4.83-Re4son-v8l+/tools/include/uapi/linux/fcntl.h
```

Da wir ARM64 Code schreiben, habe ich mir zuerst die Datei `/usr/src/linux-headers-5.4.83-Re4son-v8+/arch/arm64/include/uapi/asm/fcntl.h` angesehen aber diese enthielt nur folgende Zeile:

```
#include <asm-generic/fcntl.h>
```

Also öffnete ich die Datei `/usr/src/linux-headers-5.4.83-Re4son-v8+/include/uapi/asm-generic/fcntl.h` und fand folgende Zeilen:

```
#define O_ACCMODE        00000003
#define O_RDONLY         00000000
#define O_WRONLY         00000001
#define O_RDWR           00000002
...etc.
```

Nachdem das nun geklärt ist, habe ich im `.data` Segment folgende fünf Zeilen ergänzt:

```
    O_RDONLY    = 0
    O_WRONLY    = 1
    O_RDWR      = 2
    O_CREAT     = 64
    AT_FDCWD    = -100
```

Damit können wir nun diese benannten Konstanten verwenden und müssen und nicht die Nummern merken. Derartige Dinge kann man auch gut in Bibliotheken anlegen.

Der Parameter `AT_FDCWD` wird später noch wichtig für den `openat`-Syscall und wurde auf die gleiche Weise wie oben beschrieben in einer Header-Datei gefunden.

Dabei verwende ich nur Großbuchstaben für Konstantennamen, um diese von Labels abzugrenzen. Auch das ist nicht verpflichtend, sorgt aber für mehr Übersichtlichkeit im Code und erinnert mich daran, dass ich auf diese Werte nur lesend zugreifen sollte. Außerdem habe ich die Namen der Konstanten genau wie in der Header-Datei bzw. genau wie in der Manpage gewählt.

Diese Angewohnheit sorgt dafür, dass ich nicht immer in meinem Code herumsuchen muss, wie ich etwas benannt habe.

DATEIEN LESEN

Mit diesem Wissen bewaffnet können wir nun das Programm aus dem letzten Kapitel fertigstellen. Zuerst müssen wir die Datei einlesen:

```
// read file
mov     x8, #56
mov     x0, AT_FDCWD
mov     x1, x4
mov     x2, O_RDWR
mov     x3, #0644
svc     #0                      // open-syscall ret. file-descr. in x0

mov     x7, x0                  // save fd for later use

mov     x8, #63                 // fd from last syscall still in x0
ldr     x1, =fileCont           // therefor we don't need to set x0
mov     x2, #2048
svc     #0                      // read-Syscall

stp     x0, x7, [sp, #-16]!     // save file length + fd on stack

// calculate how much blocks of data to process
mov     x6, #8
udiv    x4, x0, x6

// eor data
// write file

// close-Syscall
mov     x8, #57
mov     x0, x7
svc     #0

endprg  #0
```

Dies geschieht mit drei Syscalls - openat, read und close! Dem openat-Syscall übergeben wir die Syscall ID in x8 (56), den Zeiger auf den Dateinamen in x0, die zuvor definierte Konstante O_RDWR bzw. 2 in x1 und den mode. Der mode wäre 644 allerdings als oktale Zahl - daher schreiben wir 0644, um den Wert mit der vorangestellten 0 als Oktal zu kennzeichnen.

Bei x86, x64 und ARM32 gibt es auch einen open-Syscall, der intern wieder `openat()` aufruft, aber da AARCH64 neu ist und es keine bestehende Software gab, bei der man auf Kompatibilität achten musste, wurde der open-Syscall gestrichen. Damit `openat` wie `open` arbeitet, müssen wir die Konstante `AT_FDCWD` als erstes Argument (x0) übergeben.

Bei Öffnen ist die Angabe vom `mode` nicht wirklich entscheidend, beim Erstellen der Datei schon. Hier könnte man auch einfach 0 angeben oder das Register nicht belegen. Ich habe es mir allerdings angewöhnt, dies immer mit 644 anzugeben, allein schon um sicherzustellen, dass eventuell vorhandene sonstige Daten im Register x3 überschrieben werden und nicht für Probleme sorgen.

Der openat-Syscall liefert uns einen File-Descriptor (fd) zurück, welchen wir gleich in x0 für den read-Syscall lassen können.

In diesem Fall lesen wir 2048 Byte in den Speicherbereich mit dem Label `fileCont`. Das ist nicht wirklich ideal! Solange die Datei kleiner ist als 2048 Byte, lesen wir die ganze Datei, aber sobald die Datei größer ist, lesen wir nur die ersten 2048 Byte der Datei!

Um das zu lösen, können Sie den reservierten Speicherplatz vergrößern, aber irgendwann wird das unpraktikabel. Ihr Programm soll ja schließlich keine 100GB RAM anfordern und selbst das könnte noch nicht reichen, falls jemand beispielsweise eine virtuelle Festplatte oder gigantische Datenbanken verschlüsseln will.

Eine Lösung ist, die Datei häppchenweise zu bearbeiten und in einer Schleife mehrere read-Syscalls abzusetzen. Natürlich müsste man dann eine Ausgabe-Datei auch gleich öffnen und vor dem nächsten read-Syscall die Daten verschlüsseln und wegschreiben. Das überlasse ich Ihnen an dieser Stelle als kleine Übung.

Sollten Sie keinen positiven Wert von einem Syscall in x0 zurückbekommen, dann ist das ein Fehlercode. Diese finden Sie in den Dateien `/usr/src/linux-headers-5.4.83-Re4son-v8+/tools/include/uapi/asm-generic/errno.h` und `/usr/src/linux-headers-5.4.83-Re4son-v8+/tools/include/uapi/asm-generic/errno-base.h` aufgeschlüsselt:

```
#define EPERM          1     /* Operation not permitted */
#define ENOENT         2     /* No such file or directory */
#define ESRCH          3     /* No such process */
#define EINTR          4     /* Interrupted system call */
#define EIO            5     /* I/O error */
#define ENXIO          6     /* No such device or address */
#define E2BIG          7     /* Argument list too long */
#define ENOEXEC        8     /* Exec format error */
#define EBADF          9     /* Bad file number */
#define ECHILD        10     /* No child processes */
```

```
#define EAGAIN        11      /* Try again */
#define ENOMEM        12      /* Out of memory */
#define EACCES        13      /* Permission denied */
#define EFAULT        14      /* Bad address */
... etc.
```

Ich hatte bei der Entwicklung versehentlich ein falsches Register zugewiesen beim openat-Syscall und erhielt daraufhin den Fehler -14 (EFAULT). Nach einem kurzen Blick in diese Datei wusste ich dann schon, wo ich suchen musste.

Da uns der read-Syscall bestimmte Register überschreibt, müssen wir die gelesenen Bytes erst mal mit mov x7, x0 in Sicherheit bringen.

Nachdem wir maximal 2048 Bytes gelesen haben, finden wir die Anzahl der gelesenen Bytes in x0 und die Daten an der Speicheradresse von fileCont. Da wir sowohl den Filedescryptor (fd) als auch die Dateilänge später wieder brauchen, packe ich beide mit stp x7, x0, [sp, #-16]! auf den Stack.

Dann errechnen wir die Anzahl der 8 Byte Blöcke für die Verschlüsselung und führen den close-Syscall aus.

Wir sichern in dem Fall nur die Anzahl der ganzen Blöcke. Der Rest der Division wird ignoriert und auch nicht verschlüsselt. Ich habe auch das aus Platzgründen einfach ausgelassen. Sie können als Übung gern ein Register leeren und in einer zweiten Schleife die restlichen Bytes einzeln reinschieben, wie wir das mit dem Passwort gemacht haben, Verschlüsseln und dann die Bytes wieder einzeln in den Speicher schieben. Ich wollte das Beispiel hier möglichst "kurz" halten.

Alternativ dazu können Sie auch einfach den Speicher auf einen größeren Wert setzen wie zB 200MB und dem User mitteilen, dass das die maximale Dateigröße ist. Setzen Sie dazu den Wert für fileCont etwas größer als die gewünschte maximale Dateigröße und prüfen Sie, ob nach dem Lesen in x0 eine kleine Zahl als die Maximalgröße des Speicherplatzes steht.

Speicherplatz bei .lcomm erhöhen, cmp und b.eq nach dem Lesen um gegebenenfalls eine Fehlermeldung auszugeben... Schon wäre diese Lösung fertig. Natürlich müsste man dann auch noch die entsprechende Fehlermeldung anlegen und ein Label für die Ausgabe und einen eigenen Fehlercode vergeben - zB 3.

DATEIEN SCHREIBEN

Bevor wir nun die Datei schreiben, müssen wir zuerst noch die Daten in `fileCont` verschlüssen. Falls Sie sich fragen, wie man die verschlüsselten Daten wieder entschlüsselt, dann demonstriert dieser Pseudocode, wie eine EOR-Verschlüsselung arbeitet:

```
ldr    x0, [addr_data]        // x0 => 0xAAAAAAAAAAAAAAAA
ldr    x1, [addr_password]    // x1 => 0xBBBBBBBBBBBBBBBB
eor    x0, x0, x1             // x0 => 0x1111111111111111
eor    x0, x0, x1             // x0 => 0xAAAAAAAAAAAAAAAA
```

Wenn Sie ein `eor` auf Daten anwenden, um Sie zu verschlüsseln, müssen Sie die verschlüsselten Daten nur ein weiteres Mal mit dem gleichen Muster "verschlüsseln" um schon haben Sie wieder die ursprünglichen Daten. Die doppelte EOR-Verschlüsselung ist also ungefähr so sicher wie ein Software-Download von einer russischen Warez-Seite.

Nachdem das geklärt ist, sehen wir uns an, wie wir die Daten verschlüsseln:

```
        // eor data
        ldr    x1, =fileCont

_eor_file_loop:
        ldr    x0, [x1]             // Load 8 byte into x0
        eor    x0, x0, x5           // Encrypt with password
        str    x0, [x1], #8         // Overwrite in the memory + inc. ptr
        subs   x4, x4, #1           // Decrement number of blocks
        b.gt   _eor_file_loop       // Next block if x4 is not 0

        // Get fd + file-length from Stack
        ldp    x6, x7, [sp], #16

        // Rewind file with lseek
        mov    x8, #62
        mov    x0, x7               // because x0 get overwritten
        mov    x1, #0               // offset in bytes
        mov    x2, #0               // form the beginning of the file
        svc    #0

        // write file
        mov    x8, #64
        mov    x0, x7
```

```
ldr     x1, =fileCont
mov     x2, x6                  // file-length from before
svc     #0
```

Zuerst holen wir uns den Pointer zu fileCont in x1. Dann holen wir uns in _eor_file_loop 8 Byte von fileCont und ver- oder entschlüsseln diese mit dem Passwort in x5 mit eor x0, x0, x5 bevor wir die Daten dann wieder in fileCont zurückschreiben und den Pointer um 8 erhöhen (str x0, [x1], #8) um auf den nächsten Block zu zeigen.

Dann verringern wir die Anzahl der Blöcke um 1, wobei subs auch die Flags setzt und falls wir noch nicht bei 0 angekommen sind, springen wir mit b.gt _eor_file_loop zum Schleifanfang.

Dann holen wir uns das Dateihandle (fd) und die Dateilänge vom Stack zurück in x6 und x7 und führen einen lseek-Syscall aus. Damit springen wir innerhalb der geöffneten Datei zum Offset (x1) von 0 Bytes, gerechnet vom Dateianfang aus (0 in x2).

Zu guter Letzt schreiben wir den Inhalt von fileCont mit einem write-Syscall zurück in die Datei. Dazu geben wir in x0 das Dateihandle (fd) aus dem open-Syscall und nicht 1 für stdout an. Abgesehen davon ist es der gleiche Syscall den wir schon mehrfach gesehen haben.

Bevor Sie das nächste Beispiel betrachten, versuchen Sie als Übung den aktuellen Code in 32bit zu konvertieren. Sie können gern auch als Übung eine Schleife erstellen, in der Sie die Datei bis zum Dateiende in 2048 Byte Blöcken lesen und verschlüsseln. Verwenden Sie dazu einen zweiten 2048 Byte Block, den Sie mit Wiederholungen des Passworts füllen.

Meine Lösung finden Sie auf den folgenden Seiten.

MUSTERLÖSUNG 32BIT XORCRYPT

Ich habe die Datei main_32.asm wie folgt verändert:

```
.include "my_lib.inc"

.section .data
    usage:      .ascii "\nUSAGE:\nxorcrypt [password] [file-path]\n\n"
    lenUsage    = . - usage

    filext:     .ascii ".xor"

    O_RDONLY    = 0
    O_WRONLY    = 1
    O_RDWR      = 2
    O_CREAT     = 64
    AT_FDCWD    = -100

    BUFFER      = 2048

.section .bss
    .lcomm      fileCont, BUFFER
    .lcomm      pattern, BUFFER
    .lcomm      outfile, 256

.section .text
    .global     _start
    _start:
        ldr     r0, [sp], #4        // Get argc + path pointer
        ldr     r1, [sp], #4

        cmp     r0, #3             // Check length of argc
        beq     _read_args
        b       _print_usage_and_exit

    _read_args:
        ldr     r2, [sp], #4        // password pointer
        ldr     r4, [sp], #4        // file-path pointer

        mov     r0, r2             // Store start of ptr in x0
```

```
_calc_len_pw:
    ldrb    r6, [r2], #1            // Load one byte of pw into r6
    cmp     r6, #0                  // Check for NUL byte
    beq     _build_pattern          // Jump to _build_pattern if equal
    b       _calc_len_pw            // Repeat with next char

_build_pattern:
    sub     r1, r2, #1              // Set r1 to pos. of last char.
    mov     r2, r0                  // Reset pointer
    sub     r0, r1, r2              // Calc password lenth
    mov     r3, #BUFFER             // Set max. length for loop
    ldr     r5, =pattern            // Get address of pattern

_build_pattern_loop:
    ldrb    r6, [r2], #1            // Load one byte from pw
    strb    r6, [r5], #1            // Store one byte in pattern
    cmp     r2, r1                  // Check if end of pw is reached
    subeq   r2, r0                  // Reset ptr if end of pw
    subs    r3, #1                  // Decrement buffer counter
    bgt     _build_pattern_loop     // Repeat of conter is not 0

    ldr     r0, =outfile
    mov     r2, r4                  // Use r2 as pointer to file-path

_gen_outfile_path:
    ldrb    r1, [r2], #1            // Load byte from file-path
    cmp     r1, #0                  // Check for NUL byte
    beq     _check_path_end         // Check for .xor when NUL byte reached
    strb    r1, [r0], #1            // Store byte in outfile
    b       _gen_outfile_path       // Next character

_check_path_end:
    ldr     r3, =filext             // mov .xor into r3
    ldr     r3, [r3]
    sub     r0, r0, #4              // Set pointer to get last 4 chars
    ldr     r1, [r0]                // Load 4 characters + inc. pointer
    cmp     r1, r3                  // Check for .xor
    beq     _remove_xor             // Remove .xor (decrypting file)

_append_xor:                        // Append .xor to outfile
    add     r0, r0, #4              // to create encrypted file
    str     r3, [r0]
```

```
        b           _run_encryption


_remove_xor:                            // Remove .xor from outfile
        eor     r3, r3, r3              // to create decrypted file
        str     r3, [r0]


_run_encryption:
        mov     r7, #5                  // Open input file
        mov     r0, r4
        mov     r1, #O_RDONLY
        mov     r2, #0644
        svc     #0                      // open-syscall ret. file-descr. in r0

        mov     r4, r0                  // save fd for later use

        ldr     r0, =outfile            // Open output file
        mov     r1, #O_CREAT
        orr     r1, r1, #O_WRONLY       // Combine O-flags to create and write
        svc     #0

        mov     r5, r0                  // save fd for later use


_read_2k_block:
        mov     r7, #3                  // Read input file
        mov     r0, r4                  // Input file fd from before
        ldr     r1, =fileCont
        mov     r2, #BUFFER
        svc     #0                      // read-Syscall

        push_all                        // save all reg. on stack

        // calculate how much blocks of data to process
        lsr     r4, r0, #2              // lsl 2 as there is no udiv on ARMv6

        // eor data
        ldr     r1, =fileCont           // Set pointers for loop
        ldr     r2, =pattern

_eor_file_loop:
        ldr     r0, [r1]                // Load 4 byte of infile
        ldr     r5, [r2], #4            // load 4 byte of pattern + inc. ptr
```

```
        eor     r0, r0, r5              // Encrypt with pattern
        str     r0, [r1], #4            // Overwrite in the memory + inc. ptr
        subs    r4, r4, #1             // Decrement number of blocks
        bgt     _eor_file_loop        // Next block if x4 is not 0

        pop_all                        // Get old register content from stack

        mov     r7, #4                 // Write block to outfile
        mov     r2, r0                 // File length from read syscall
        ldr     r1, =fileCont
        mov     r0, r5                 // Outfile fd from open syscall
        svc     #0

        cmp     r2, #BUFFER            // Check if full block was read
        beq     _read_2k_block        // If yes, read next block

        mov     r7, #6                 // Close input file
        mov     r0, r4
        svc     #0

        mov     r0, r5                 // Close output file
        svc     #0

        endprg  #0                     // End successfully

    _print_usage_and_exit:             // Error message if argc don't match 3
        mov     r7, #4
        mov     r0, #1
        ldr     r1, =usage
        mov     r2, #lenUsage
        svc     #0

        endprg  #1                     // End with errorcode 1
```

Außerdem habe ich die Datei my_lib.inc wie folgt angepasst:

```
LF  = 0xA
NUL = 0x0


.macro endprg, code
    mov     r7, #1
    mov     r0, \code
```

```
        svc     #0
.endm

.macro push_all
        str     r0, [sp, #-4]!
        str     r1, [sp, #-4]!
        str     r2, [sp, #-4]!
        str     r3, [sp, #-4]!
        str     r4, [sp, #-4]!
        str     r5, [sp, #-4]!
        str     r6, [sp, #-4]!
        str     r7, [sp, #-4]!
.endm

.macro pop_all
        ldr     r7, [sp], #4
        ldr     r6, [sp], #4
        ldr     r5, [sp], #4
        ldr     r4, [sp], #4
        ldr     r3, [sp], #4
        ldr     r2, [sp], #4
        ldr     r1, [sp], #4
        ldr     r0, [sp], #4
.endm
```

Abgesehen von den üblichen Änderungen wie veränderte Syscall-Nummern, Registerbezeichnungen, dem anderen Stack-Handling, usw. habe ich die Arbeitsweise des Programms wie folgt angepasst:

In .data habe die Fehlermeldung, dass das Passwort mindestens 8 Zeichen lang sein muss entfernt genau wie die Ausgabe dieser Fehlermeldung an Ende des Programms und die Prüfung der Passwortlänge selber. Da wir nun ohnehin mit einem Pattern arbeiten habe ich mir dies aus Platzgründen gespart und erlaube nun einfach auch den Einsatz sehr kurzer Passwörter.

Außerdem habe ich fileext mit dem Text .xor angelegt und die 2048 Byte in der Konstante BUFFER gespeichert.

In .bss habe ich zwei weitere Variablen angelegt - pattern und outfile.

In _start holen wir uns wie zuvor die Anzahl der Argumente (argc) und den ersten Pointer zu path. Dann prüfen wir, ob es auch 3 Argumente sind und geben entweder den Fehler aus oder springen zu _read_args.

In `_read_args` holen wir uns die Pointer zu `password` und `file-path` und kopieren den Pointer zum Anfang von `password` für eine spätere Berechnung der Länge in r0.

In `_calc_len_pw` laden wir das Passwort Byte für Byte in r6 und springen zu `_build_pattern` sobald wir auf das NUL-Byte (0x0) treffen.

In `_build_pattern` setzen wir r1 auf r2 - 1, um wieder auf das letzte Zeichen des Passworts zu zeigen und dann resetten wir r2 zurück zum Anfang des Passwortes. Dann errechnen wir die Passwortlänge, speichern diese in r0, initialisieren den Counter in r3 mit den 2048 Byte aus BUFFER und laden die Startadresse von `pattern` in r5.

In `_build_pattern_loop` laden wir das Passwort wieder Byte für Byte in r6 und speichern das Byte in `pattern` (Addresse in r5). Dann Vergleichen wir, ob r2 (Pointer zum aktuellen Zeichen des Passwortes) mit r1 (Pointer zum letzten Zeichen des Passwortes) übereinstimmt und falls ja, machen wir mit `subeq` eine bedingte Subtraktion und setzen den Pointer wieder zurück zum ersten Zeichen. Dann dekrementieren wir den Counter in r3 mit `subs` um auch die Flags im CPSR wieder zu resetten. Sollte der Counter noch nicht bei 0 stehen, springen wir mit `bgt` wieder zum Anfang von `_build_pattern_loop`.

Einfach gesagt wiederholen wir das Passwort so lange, bis `pattern` mit den Wiederholungen von Passwort gefüllt ist.

In `_gen_outfile_path` machen wir das Gleiche mit dem übergebenen Dateinamen - wir kopieren diesen Byte für Byte in `outfile` bis wir auf das NUL-Byte treffen.

In `_check_path_end` laden wir zuerst die Adresse der Variable `fileext` und dann den Inhalt von `fileext` in r3. Dann setzen wir den zuvor benutzten `outfile`-Pointer (r0) um 4 Byte zurück und laden dann die letzten 4 Byte von `outfile` in r1 damit wir diese mit `fileext` (r3) vergleichen können.

Falls der Dateiname mit `.xor` endet, springen wir zu `_remove_xor` und löschen r3 indem wir ein `eor` von sich selber ausführen. Immer wenn man ein `eor` von Daten mit sich selber ausführen, ist das Ergebnis 0x0! Dies wäre gleichbedeutend mit `mov r3, #0`, wird aber von manchen Compilern einen `mov` vorgezogen und daher werden Sie bei Reverse Engeneering immer wieder darauf stoßen - also wollte ich Ihnen diese Variante auch zeigen. Dann überschreiben wir einfach die letzten 4 Byte von `outfile` mit dem geleerten Register r3 um so die letzten 4 Byte zu löschen. Damit wird aus `geheim.txt.xor` der Dateiname `geheim.txt` um so eine Entschlüsselung der Datei anzudeuten.

Im umgekehrten Fall springen wir zu `_append_xor` und addieren die 4 Byte wieder auf den Pointer r0, fügen dann ein `.xor` an den Dateipfad an und überspringen das `_remove_xor` mit den b. Im Grunde wäre es auch egal wenn diese zwei Zeilen ausgeführt würde denn Sie würden nur r3 leeren und dann 4 ohnehin leere Byte mit leeren Bytes überschreiben.

Ich habe mich bei diesem Programm entschieden, die verschlüsselten Daten in eine neue Datei zu schreiben. Da wir hier kein Limit für die Dateigröße haben, würde bei einem Absturz oder Stromausfall, während das Programm läuft, die Originaldatei zum Teil verschlüsselt und zum Teil unverschlüsselt sein. Das wäre bei dem vorherigen Beispiel mit 2048 Byte auch so, nur dauert dann ein Schreibvorgang nur Sekundenbruchteile.

Hier könnten wir nun Daten mit mehreren GB verschlüsseln und darum sollte man derartige Dinge bei der Entwicklung auch bedenken!

In _run_encryption führen wir je einen open-Syscall für die Eingabe- und einen für die Ausgabe-Datei aus und verschieben danach die File-Handles in r4 bzw. r5.

Wichtig hierbei ist es die Flags O_CREAT und O_WRONLY zu kombinieren, denn O_CREAT allein würde einem O_CREAT mit O_RDOLNY entsprechen und eine leere Datei zu erstellen und nur mit Leserechten darauf zuzugreifen macht wenig Sinn. Sollten Sie dies vergessen, erhalten Sie beim Debuggen nach dem Schreibversuch den Rückgabecode 0xfffffff7 in r0.

Dies entspricht -9 und damit dem Fehler EBADF 9 /* Bad file number */.

Die Verknüpfung der Werte funktioniert wie folgt:

```
O_CREAT   = 0b01000000
O_RDONLY  = 0b00000001
ORR       = 0b01000001
```

In _read_2k_block lesen wir die maximal 2048 Byte von BUFFER aus der Eingabedatei (r4) ein, wobei die tatsächlich gelesenen Bytes in r0 zurückgegeben werden.

Nachdem wir nun alle Eingabe-Daten aufgearbeitet haben und die entsprechenden Dateinamen zusammengefügt und die File-Handles auf die Register r4 und r5 gespeichert haben, sichern wir den aktuellen Stand mit dem Macro push_all auf den Stack.

Ich habe bis dato die Register mit den Pointern zu den CLI-Argumenten belegt und dann eines nach dem anderen aufgearbeitet. Aus dem Passwort wurde die Variable pattern und aus der Eingabe-Datei wurde der Pfad zur Ausgabe-Datei generiert und dann die entsprechenden Datei-Handles für beide Dateien erstellt.

Während dessen musste ich natürlich darauf achten, dass ich die zwei Register mit den Pointern nicht versehentlich überschreibe. Später brauchen wir r0 (gelesene Bytes) und die Filehandles in r4 und r5. Damit ich nicht noch mehr mit den Registern herumjonglieren muss und auch um den Code wartungsfreundlicher zu machen, habe ich an dieser Stelle dann den aktuellen Stand auf den Stack ausgelagert. Somit kann ich wieder alle Register frei verwenden, wie ich möchte.

Da eine Division erst ab ARMv7 verfügbar ist, habe ich mit bei meinem Pi Zero W mit ARMv6 mit dem `lsr` (logical shift right) beholfen. Hierbei entspricht ein Shift um 2 Bits nach rechts einer Division durch 4!

Damit errechnen wir die Anzahl der 4 Byte Blöcke, die dann in die 32bit Register passen. Aber auch bei diesem Programm haben wir den Rest einer solchen Division vernachlässigt und verschlüsseln so die letzten 1 bis 3 Bytes einer Datei nicht, falls die Anzahl der Bytes nicht genau durch 4 teilbar ist. Dies können Sie gerne selber lösen! Ich habe aus Platzgründen darauf verzichtet.

Dann belege ich r1 und r2 mit Pointern zu `fileCont` und `pattern` um die Verschlüsselung vorzubereiten.

In `_eor_file_loop` laden wir je 4 Byte von `fileCont` und `pattern` in r0 bzw. r5 und erhöhen den Pointer von `pattern` (r2) gleich um 4 Byte. Dann ver- bzw. entschlüsseln wir die Blöcke mit `eor r0, r0, r5`, schreiben die nun verschlüsselten Daten in r0 zurück in `fileCont` und erhöhen dann auch den Pointer in r1 um 4 Byte. Dann Verringern wir den Block-Counter in r4 um 1 mit `subs` um auch die Flags zu setzen und falls dieser noch nicht 0 erreicht hat, springen wir zurück zu `_eor_file_loop`.

Wir holen uns also 4 Byte-Stücke aus den Daten und dem Passwort-Muster, ver- bzw. entschlüsseln und überschreiben `fileCont` mit dem ver- oder entschlüsselten Daten so lange, bis alle zuvor gelesenen 4 Byte Blöcke abgearbeitet sind.

Dann holen wir uns den vorherigen Stand mit `pop_all` zurück, schreiben die Daten in die Ausgabe-Datei (Filehandle in r5) und prüfen dann, ob die Anzahl der zuvor gelesenen Bytes (jetzt in r2 nach dem `write`-Syscall) der Konstante BUFFER entspricht.

Jetzt sehen Sie auch, warum wir diese Zahl als Konstante angelegt habe. Würden wir die Buffergröße anpassen, müssten wir dies an vielen Stellen im Code ändern, wenn wir dies nicht zentral anlegen und den Assembler die Zahlen an die entsprechenden Stellen einfügen lassen!

Ich spreche die ganze Zeit von einer Konstante, weil ich dies im Code so verstanden haben möchte. Es ist für uns in diesem Fall unerheblich, ob der Assembler diesen Wert beim Übersetzen direkt in die Befehle mit einfügt oder den Wert im Speicher anlegt und dann darauf zugreift. Durch die Schreibweise in Großbuchstaben will anzeigen, dass ein Wert nur einmalig gesetzt und danach nur noch abgerufen, aber nicht mehr verändert wird. So etwas nennt man in anderen Sprachen eine Konstante, und auch wenn es hier technisch anders funktioniert, da der Wert direkt in die Befehle mit eincodiert wird, ändert dies nichts aus Sicht des Quellcodes.

Falls weniger Bytes als die 2048 Bytes in BUFFER gelesen wurden, haben wir offensichtlich das Dateiende erreicht und führen zwei `close`-Syscalls für die Ein- und Ausgabedatei aus und beenden das Programm mit dem Fehlercode 0 (alles OK).

FLIESSKOMMAZAHLEN IN ASSEMBLER

Fließkommazahlen (Float bzw. Double) werden mit eigenen Registern (s0 – s30 für Float- bzw. Single und d0 – d30 für Double) und einem eigenen Satz an Befehlen bzw. Opcodes gehandhabt. In diesem Kapitel will ich Ihnen kurz die Arbeitsweise mit Fließkommazahlen zeigen, da sich diese ein den Ganzzahlen unterscheidet.

Außerdem unterscheiden wir hier zwischen "Single precision" mit 32bit (s-Register) und "Double precision" mit 64bit (d-Register).

Sehen wir uns vorab den Aufbau der 32- und 64bit Fließkommazahlen im Detail an:

32bit:

1bit Vorz.	8-Bit Exponent	23-bit Basiszahl

64bit:

1bit Vorz.	11-bit Exponent	52-bit Basiszahl

Wie sich manche Leser bereits denken, sieht das verdächtig nach der wissenschaftlichen Schreibweise aus und im Grunde ist es genau das!

Sehen wir uns zuvor den Test-Code an, den wir untersuchen wollen:

```
.section .data
    list:       .float  1.5
                .float  2.2
                .float  3.1
                .float  -1.2

    lenList    = (. - list) / 4  // Each float need 4 byte (32bit)

.section .text
    .global _start
    _start:
        mov     x0, #lenList      // Number of elements in array
        ldr     x1, =list         // Pointer to start of array
        mov     x2, #4            // Calculate end of list
        madd    x2, x0, x2, x1    // end of list = (x0 * x2) + x1
```

```
_sum_loop:                        // Sum list up
        ldr    s1, [x1], #4       // Load value + inc. pointer 4 byte
        fadd   s2, s1, s2         // Sum = sum + value
        cmp    x1, x2             // Check if end reached
        b.ne   _sum_loop          // Continue with next float

        mov    x8, #93            // Exit syscall
        mov    x0, #0
        svc    #0
```

Bei dieser Gelegenheit kann ich Ihnen auch gleich zeigen, wie man in Assembler mit Listen oder Arrays arbeiten kann. In der .data Sektion erstellen wir das Label list, unter dem wir vier Fließkommazahlen mit je 32bit anlegen.

.float macht dies deutlich. Einen Double Precision Wert mit 64bit würde man über .double anlegen! Außerdem müsste man dann mit (. - list) / 8, mov x2, #8 und ldr s1, [x1], #8 arbeiten!

Zuerst laden wir den Wert von lenList in x0 und den Pointer auf den Listenbeginn in x1. Dann rechnen wir uns die Endadresse der Liste aus indem wir 4 in x2 speichern und damit dann folgende Rechnung ausführen:

Ende der Liste in x2 = (lenList in x0 * 4 in x2) + Start der Liste in x1

In der _sum_loop laden wir zuerst mit ldr einen Wert von der Adresse in x1 nach s1 und erhöhen dann den Pointer in x1 um 4 Byte. Dann addieren wir mit fadd (floating point addition) die Register s1 und s2 wobei wir das Ergebnis in s2 speichern. Dann vergleichen wir mit cmp ob wir bereits am Ende der Liste sind und falls nicht, springen wir mit b.ne zum Beginn der Schleife zurück.

Nach dem ersten Schleifendurchlauf sehen die Register in GDB wie folgt aus:

```
>>> info register $s1
s1 {  f = 0x1,           u = 0x3fc00000,   s = 0x3fc00000 }
   {  f = 1.5,           u = 1069547520,   s = 1069547520 }
>>> info register $s2
s1 {  f = 0x1,           u = 0x3fc00000,   s = 0x3fc00000 }
   {  f = 1.5,           u = 1069547520,   s = 1069547520 }
```

Nach dem zweiten Schleifendurchlauf sehen wir in s2 Folgendes:

```
>>> info register $s2
s2 {  f = 0x3,           u = 0x406ccccd,   s = 0x406ccccd }
   {  f = 3.70000005,    u = 1080872141,   s = 1080872141 }
```

Ihnen wird auffallen, dass das Ergebnis der Addition nicht stimmt und wir eine minimale Ungenauigkeit haben. Warum das so ist, wird Ihnen klar, wenn wir das Ergebnis wieder von Hand decodieren. Sie können im Anschluss an das Beispiel gern das Programm auf Double Precision umschreiben und nochmals untersuchen, dann wird ihnen auch klar, warum man 64bit Fließkommazahlen Double Precision nennt!

Nach dem vierten Schleifendurchlauf sehen wir dann folgende Werte im Register:

```
>>> i r $s2
s2 {  f = 0x5,          u = 0x40b33334,  s = 0x40b33334 }
   {  f = 5.60000038,   u = 1085485876,  s = 1085485876 }
```

Tippfaule können übrigens "info register" wie oben gezeigt mit "i r" abkürzen.

Damit ist unser Programm quasi fertig - wir werden nun Python nutzen, um das Bitmuster in eine Zahl zu verwandeln, da dies relativ aufwendig ist! Zuerst sollten nun 0x40b33334 in s2 mit Python in das Bitmuster umwandeln:

```
>>> print(bin(int("0x40b33334", 16)))
0b1000000010110011001100110100
```

Geteilt in einzelne Bytes ergibt dies folgendes Bitmuster:

01000000 10110011 00110011 00110100

Python kürzt führende Nullen weg, also müssen Sie darauf achten und fehlende Stellen ergänzen! Diese fehlende Null für das positive Vorzeichen habe ich oben ergänzt und fett dargestellt!

Teilen wir die Zahl nun wie zuvor gezeigt in die drei Komponenten auf:

1bit Vorz.	8bit Exponent	23bit Basiszahl
0	10000001	0110011001100110100

Die 0 steht hierbei für eine positive Zahl und eine 1 würde eine negative Zahl anzeigen.

Mit dem Exponenten müssen wir folgende Berechnung durchführen:

```
>>> print(int("10000001", 2) - int("01111111", 2))
2
```

Die Berechnung ist dabei immer Exponent-Bitmuster minus 0b01111111!

Die verbleibenden Bits der Basiszahl sind wie folgt zu verstehen:

```
    0     1     1     0     0     1     1     0     0     1     . . .
1 + 0/2 + 1/4 + 1/8 + 0/16 + 0/32 + 1/64 + 1/128 + 0/256 + 0/512 + 1/1024 . . .
```

Die 1 vor dem Komma denken wir uns nur und nutzen alle Bits für die Brüche, um die Nachkommastellen darzustellen. Die einzelnen Bits stehen dann für Brüche auf Basis von 2. Daher lassen sich beispielsweise 1.5 (1 + 1/2) oder 1.125 (1 + 1/8) oder 1.75 (1 + 1/2 + 1/4) ohne Rundungsfehler darstellen aber viele andere Zahlen sind nur Näherungswerte!

Daher sollte man bei Fließkommazahlen auch niemals auf Gleichheit prüfen, sondern darauf prüfen, ob der Unterschied unter einem bestimmten Grenzwert liegt!

Das Fließkommazahlen-Problem sehen Sie in Python zB anhand dieser Anweisung:

```
>>> (0.1 * 3) == 0.3
False
```

Drei mal 0,1 ist also nicht gleich 0,3 für den PC! Sie können als Übung in Assembler gerne untersuchen, warum das so ist...

Berechnen wir nun einmal die Basiszahl:

```
>>> 1 + 0/2 + 1/4 + 1/8 + 0/16 + 1/32 + 1/64 + 0/128 + 0/256 + 1/512 + 1/1024
1.3994140625
```

Damit haben wir als Ergebnis 1.3994140625**e2**. Da wir binär arbeiten, ist das e2 als 2^2 zu verstehen und nicht 10^2! Also berechnen wir das:

```
>>> 1.3994140625 * (2 ** 2)
5.59765625
```

Hätten wir die weiteren Stellen der Basiszahl bzw. die entsprechenden binären Brüche noch berücksichtigt, wäre das Ergebnis deutlich präziser! Je mehr "Nachkommastellen" wir haben ums kleiner wird also der Rechenfehler und umso besser wird die Präzision!

Für die weiteren Grundrechenarten haben Sie die fsub, fdiv und fmul-Befehlsfamilien. Sehen sich hierzu die entsprechende Dokumentation an und üben Sie, bis Sie die Arbeitsweise wirklich verstanden haben: https://developer.arm.com/

Für ARM32 gibt es in den Fall die v... Befehle wie beispielsweise vldr oder vadd.

NACHWORT

Ich hoffe, ich konnte Ihnen Assembler etwas näher bringen und Ihnen zeigen, dass Assembler gar nicht so schwer ist! Die Programmierung damit ist gewöhnungsbedürftig und erfordert Disziplin und gute Dokumentation, um sich leichter zurechtzufinden, aber wenn man sich einmal daran gewöhnt hat, alles von Hand zu machen und mit den wenigen Registern auszukommen, geht Assembler-Programmierung dann doch recht leicht von der Hand.

Nutzen Sie die Beispiel-Programme und experimentieren Sie damit herum und debuggen Sie möglichst jedes Beispiel, bis Sie wirklich verstehen, was vor sich geht. Das ist meiner Meinung nach der beste Weg zu lernen.

In diesem Sinne wünsche ich Ihnen viel Spaß mit Assembler!

FEEDBACK & KRITIK

Wenn Sie Kritik, Anregungen oder auch nur ein Lob loswerden wollen, können Sie mir gerne eine Email an die Adresse mark.b@post.cz senden.

Ich werde versuchen, Ihren Input in weiteren Buchprojektes und Neuauflagen zu verwirklichen.

BUCHEMPFEHLUNGEN

29,90 EUR

ISBN: 978-3751969925
Verlag: BOD

Bei meiner Arbeit stoße ich immer wieder auf Netzwerke und Webseiten mit erheblichen Sicherheitsproblemen. In diesem Buch versuche ich dem Leser zu vermitteln, wie leicht es mittlerweile ist, Sicherheitslücken mit diversen Tools auszunutzen. Daher sollte meiner Meinung nach jeder, der ein Netzwerk oder eine Webseite betreibt, ansatzweise wissen, wie diverse Hackertools arbeiten, um zu verstehen, wie man sich dagegen schützen kann. Selbst vor kleinen Heimnetzwerken machen viele Hacker nicht halt.

Wenngleich das Thema ein sehr technisches ist, werde ich dennoch versuchen, die Konzepte so allgemein verständlich wie möglich erklären. Ein Informatikstudium ist also keinesfalls notwendig, um diesem Buch zu folgen. Dennoch will ich nicht nur die Bedienung diverser Tools erklären, sondern auch deren Funktionsweise so weit erklären, dass Ihnen klar wird, wie das Tool arbeitet und warum ein bestimmter Angriff funktioniert.

14,90 EUR

ISBN: 978-3751960120
Verlag: BOD

Assembler, die Maschinensprache, gilt als eine sehr schwer zu erlernende Programmiersprache. Ich will Ihnen mit diesem Buch zeigen, dass Assembler gar nicht so schwer ist.

Assembler ist anders und funktioniert nicht wie moderne Hochsprachen aber, wenn Sie erst einmal verstanden haben, wie man damit arbeitet, verliert Assembler den Schrecken.

In diesem Buch erwartet Sie ein praktischer Einstieg in die Programmierung mit Assembler. Ohne uns langwierig durch die theoretischen Grundlagen zu quälen legen wir gleich los und sehen uns anhand von praktischen Beispielen an wie Assembler und die Maschinenbefehle arbeiten. Dabei beleuchten wir die Stolpersteine und Herausforderungen bei dieser Art der Programmierung.

Dazu nutzen wir moderne 64bit Intel-Architektur unter Linux.

19,90 EUR

ISBN: 978-3748165811
Verlag: BOD

Python ist eine leicht zu erlernende und dennoch eine sehr vielfältige und mächtige Programmiersprache. Lernen Sie mit der bevorzugten Sprache vieler Hacker, Ihre eigenen Tools zu schreiben und diese unter Kali-Linux einzusetzen, um zu sehen, wie Hacker Systeme angreifen und Schwachstellen ausnutzen. Durch das Entwickeln Ihrer eigenen Tools erhalten Sie ein deutlich tiefgreifenderes Verständnis wie und warum Angriffe funktionieren.

Nach einer kurzen Einführung in die Programmierung mit Python lernen Sie anhand vieler praktischer Beispiele, die unterschiedlichsten Hacking-Tools zu schreiben. Sie werden selbst schnell feststellen, wie erschreckend einfach das ist.

Durch Einbindung vorhandener Werkzeuge wie Metasploit und Nmap werden Skripte nochmals effizienter und kürzer. Nutzen Sie das hier erlangte Wissen, um Ihre Systeme auf Lücken zu testen und diese zu schließen bevor andere diese ausnützen können!

17,90 EUR

ISBN: 978-9403630434
Verlag: Bookmundo

Javascript wird immer beliebter und revolutioniert bereits zum zweiten Mal das Internet und erobert jetzt auch den Markt der Desktop-, Mobile- und serverseitigen Anwendungen. Lernen Sie Javascript als sehr praktisches Werkzeug für Hacker kennen! Nach einer kurzen Einführung in Javascript lernen Sie, wie man XSS-Angriffe, kleine Serverdienste und Hackingtools mit Javascript schreibt.